Le fabuleux parcours du Bayern Munich lors de la Ligue des champions 2013

Didier Chauvet

Le fabuleux parcours du Bayern Munich lors de la Ligue des champions 2013

L'Harmattan

Du même auteur

Hitler et la Nuit des longs couteaux (29 juin – 2 juillet 1934) : La Sturmabteilung (SA) décapitée, Edilivre-Aparis, 2014.

Hitler et le putsch de la brasserie : Munich, 8/9 novembre 1923, L'Harmattan, 2012.

Le nazisme et les Juifs : caractères, méthodes et étapes de la politique nazie d'exclusion et d'extermination, L'Harmattan, 2011.

Georg Elser et l'attentat du 8 novembre 1939 contre Hitler, L'Harmattan 2009.

Dictionnaire du football allemand, L'Harmattan, 2006.

Sophie Scholl: une résistante allemande face au nazisme, L'Harmattan, 2004.

Mary Jane Kelly: la dernière victime, L'Harmattan, 2002.

5-7, rue de l'Ecole-Polytechnique, 75005 Paris

http://www.harmattan.fr
diffusion.harmattan@wanadoo.fr

ISBN : 978-2-343-05043-0
EAN : 9782343050430

A Célina
A Benjamin
A Chloé
A Léo

A Jupp Heynckes

« Je laisse une équipe en parfait état »

Jupp Heynckes, en mai 2013.

« Après ce triplé historique, j'ai été habité pendant des jours par les mêmes images. Je me voyais tout petit taper dans le ballon contre un mur dans la cour jusqu'à ce que ma mère se penche à la fenêtre et me dise : « Et voilà que tu recommences à taper n'importe où avec ce ballon ! » Je me souvenais aussi d'Herbert Zimmermann, qui commentait la finale de la Coupe du monde en 1954. J'écoutais ça tout excité à la radio. Je me souvenais de ce gamin qui rêvait de devenir un footballeur célèbre. La plupart de mes rêves sont devenus réalité. Et là, la boucle se refermait... J'allais rentrer chez moi, à Mönchengladbach. Pour y trouver la paix et la tranquillité. »

Jupp Heynckes au journal *Der Spiegel*, en juin 2013

PREAMBULE

Le FC Bayern Munich (*FC Bayern München*) est le club de football le plus prestigieux de la riche histoire du football allemand. Son palmarès est incomparable au niveau national. Au niveau international, le club bavarois se hisse dans le cercle très fermé des cinq meilleurs clubs depuis la création des coupes européennes. Au fil des époques, les joueurs allemands les plus talentueux portent ses couleurs : Franz Beckenbauer, Gerd Müller, Sepp Maier, Uli Hoeness, Paul Breitner, Karl-Heinz Rummenigge avant-hier, Oliver Kahn, Lothar Matthäus, Jürgen Klinsmann, Stefan Effenberg, Andreas Brehme, Mehmet Scholl, Michael Ballack, Miroslav Klose hier, Philipp Lahm, Bastian Schweinsteiger, Manuel Neuer, Thomas Müller, Toni Kroos aujourd'hui. De nombreux joueurs étrangers majeurs évoluèrent ou évoluent encore sous les couleurs du Bayern Munich : Bixente Lizarazu, Mark van Bommel, Giovane Elber, Jean-Marie Pfaff, Soren Lerby, Jean-Pierre Papin, Franck Ribéry, Arjen Robben.

Fondé le 27 févier 1900 dans le restaurant *Gisela* situé dans le centre de la majestueuse capitale bavaroise, le FC Bayern Munich débute son aventure avec la signature de dix-sept joueurs. Les fondateurs du club ne sont pas d'origine bavaroise mais de Prusse, de Saxe et du Nord de l'Allemagne. A cette époque, de nombreux juifs allemands font partie ou sont proches du club[1]. Au début de son histoire, le Bayern Munich prend ses quartiers dans le Schwabing au cœur du secteur artistique et intellectuel de la ville. Beaucoup de membres du club sont alors étudiants et commerçants. Il est vrai qu'à cette époque, le football

1 Cf « *Quand les nazis effacèrent le caractère juif du Bayern Munich* », in Le monde juif info, le 25 mai 2013.

n'est pas encore en vogue auprès des milieux populaires. En 1906, le Bayern Munich se développe et absorbe le club Münchener SC et s'implante l'année suivante au Leopoldstraße. Le 16 mai 1910, le club se voit récompensé par l'intermédiaire du brillant Max Gablonsky, premier joueur du Bayern Munich à être sélectionné avec l'équipe d'Allemagne pour un match amical face à la Belgique.

Finalement, l'introduction de la journée de travail limitée à huit heures par jour permet au peuple allemand de disposer d'un peu plus de temps libre et de s'adonner aux activités sportives et notamment au football qui connait un vif essor auprès des classes populaires. En 1920, le Bayern Munich affiche plus de 700 membres. Quelques années plus tard, le club franchit un nouveau palier en participant en 1925 au Championnat d'Allemagne dont il va s'adjuger en 1932 le premier titre de champion de son histoire en battant en finale de la compétition, au Franken-Stadion de Nuremberg, l'Eintracht Francfort (2-0, buts d'Oscar Rohr et de Franz Krumm).

L'arrivée au pouvoir de Hitler et des nazis en janvier 1933 a des répercussions importantes sur la vie du Bayern Munich, au même titre que l'ensemble de la vie de la société allemande. Le club bavarois subit en effet de plein fouet l'idéologie nazie et se trouve alors aryanisé. Les joueurs et encadrants juifs du club doivent partir, de même que le président Kurt Landauer qui démissionne de ses fonctions le 22 mars 1933. Au cours de la Deuxième Guerre mondiale, les joueurs du Bayern Munich ne bénéficient d'aucun passe droit et sont envoyés au front aux côtés de millions d'autres jeunes allemands. Au total, cinquante-six membres du club tombent sur les différents champs de batailles, comme par exemple Josef Maier et Franz Krumm, membres de l'équipe d'Allemagne et figures majeures du Bayern Munich. De son côté, après avoir réchappé au pire, Kurt Landauer, reprend ses fonctions de président le 19 août 1947 et travaille à nouveau à l'essor du club.

L'ascension du Bayern Munich se poursuit et en 1957, le club remporte son premier trophée d'après-guerre et sa première Coupe d'Allemagne, au Rosenaustadion d'Augsbourg, en venant à bout du Fortuna Düsseldorf (1-0). Le club stagne ensuite pendant une décennie et il lui faut attendre le début des années 70 pour figurer en haut de l'affiche durablement et pour devenir un grand d'Europe. Depuis ces années 70, le Bayern Munich continue d'engranger les succès, d'entretenir la légende et d'écrire des pages de gloire, dont cette fabuleuse épopée de la Ligue des Champions 2013.

Ce livre retrace dans le détail le parcours du Bayern Munich dans la Ligue des Champions 2013 et revient sur cette année 2013 en or ponctuée par un triplé historique (Ligue des Champions, Bundesliga, Coupe d'Allemagne) qui a marqué les esprits de tous les passionnés de football à travers la planète. Ce livre permet au lecteur de revivre cette formidable épopée à travers treize tableaux qui correspondent aux treize matches de la compétition, du premier match de la phase de groupes jusqu'à la finale de Wembley, tous analysés dans le détail.

I

LA GENESE

La genèse de cette formidable épopée humaine et sportive du Bayern Munich dans la Ligue des Champions 2013 — la Ligue des Champions étant la plus importante compétition footballistique des clubs — trouve son origine dans la terrible et amère défaite survenue le samedi 19 mai 2012 à l'Allianz Arena de Munich en finale de la Ligue des Champions 2012. Après avoir éliminé successivement les Suisses du FC Bâle (0-1/7-0) en huitièmes de finale, les Français de l'Olympique de Marseille (2-0/2-0) en quarts de finale et enfin les Espagnols du Real Madrid (2-1/1-2 après prolongation et 3 tab 1) en demi-finales au terme de deux rencontres d'une qualité et d'une intensité remarquables ponctuées par des arrêts magistraux de Manuel Neuer, le gardien du Bayern Munich, lors de la séance des tirs aux buts, le club bavarois affronte en finale le club anglais de Chelsea, adepte d'un football ultra défensif sous la houlette de son entraîneur italien Roberto Di Matteo. En demi-finales, Chelsea a éliminé le FC Barcelone en pratiquant ce type de football et en bénéficiant d'un maximum de réussite sur plusieurs actions clés aussi bien au match aller qu'au match retour. Il va en être de même pour cette finale qui s'achève donc ce samedi 19 mai 2012 devant 69 000 spectateurs médusés par la défaite du Bayern Munich (1-1 après prolongation et 3 tab 4) au terme d'un match que le club bavarois a pourtant largement dominé et maîtrisé. Après l'ouverture du score pour le Bayern Munich par son attaquant Thomas Müller (83e), Chelsea parvient à égaliser par Didier Drogba (88e), de la tête également, sur la seule action dangereuse menée par le club londonien en 120 minutes de jeu. Injuste ! Ce soir là, il manque au Bayern Munich un peu de vivacité dans le dernier geste pour percer le double rideau de fer anglais, un peu de relâchement peut-être face à cet événement majeur et surtout il manque ce brin de chance qui, au final, fait la différence. En effet, un tir sur le poteau de l'attaquant néerlandais du Bayern

Munich, Arjen Robben, un pénalty sifflé par l'arbitre portugais Pedro Proença à la 96e minute pour une faute incontestable et manqué par le même Robben, de multiples arrêts miraculeux effectués par Petr Cech le gardien de Chelsea, tel est le scénario du match. Chelsea, en ne développant qu'un football défensif qui ne génère aucun enthousiasme populaire remporte la Ligue des Champions 2012. Un rêve s'effondre pour les joueurs et supporters du Bayern Munich. La déception est immense. Certains se demandent même si le club pourra s'en remettre à brève ou moyenne échéance ?

Sur les cendres de cette défaite aux tirs au but, les hommes du Bayern Munich vont construire la plus belle des victoires. Une fois passé le légitime abattement de cette cuisante désillusion, quatre hommes échafaudent un projet fou : revenir en finale dès la saison suivante et gagner cette Ligue des Champions. Ces hommes sont Philipp Lahm, le capitaine de l'équipe, Bastian Schweinsteiger, le maître à jouer et héros malheureux de la finale 2012 puisque auteur du tir au but manqué qui donna la victoire à Chelsea, Jupp Heynckes, l'expérimenté entraîneur, et Karl Heinz Rummenigge, le président, ancienne gloire du club qui possède deux ballons d'or à son palmarès (1980 et 1981). Ces hommes font l'analyse de l'échec, pointent les manques de l'équipe, et surtout pansent les plaies morales du groupe tout entier, et insufflent un vent de revanche positif, amènent chacun à se dépasser, à se vouer tout entier au collectif, à se construire un destin commun. A ce sujet, Jupp Heynckes précise : « J'avais connu suffisamment de succès en tant que joueur et entraîneur et j'ai aussi appris à gérer la déception. On peut être frustré, déçu, sans douter de soi. Mais cela doit impliquer un changement. Un échec, c'est faire face à un nouveau challenge. Rebondir. A moi de retrouver les clés du succès. L'échec de Munich en 2012 en finale de la Ligue des Champions face à Chelsea après avoir contrôlé le match fut la clé[2]. » L'entraîneur poursuit : « J'ai alors dit à mes joueurs : « Si vous n'êtes pas persuadés qu'il va falloir bosser, être une véritable équipe, si vous n'avez pas faim de succès, alors on ne va rien gagner une fois encore. »

Grâce à son discours, grâce à sa façon de manager le groupe, Jupp Heynckes parvient à modifier profondément certaines habitudes — il va notamment parvenir à considérablement impliquer Arjen Robben et Franck Ribéry aux indispensables tâches défensives —, il parvient à encore faire progresser certains cadres de l'équipe. Sur des bases solides, il construit une « nouvelle équipe » qui va devenir une machine à gagner en pratiquant un football vivant, offensif, moderne et spectaculaire. L'équipe gagne en effet en cohésion, en solidarité, en efficacité. Chacun s'implique, du titulaire indiscutable jusqu'au jeune remplaçant.

Le pari fou sera atteint. La saison sera même celle de tous les succès puisqu'en plus de la Ligue des Champions, le Bayern Munich remporte la Bundesliga et la Coupe d'Allemagne, réalisant un triplé exceptionnel et historique.

½ FINALE ALLER 2012
BAYERN MUNICH/REAL MADRID 2-1
Buts : Ribéry 17e, Gomez 90e pour le Bayern Munich et Özil 53e pour le Real Madrid
Bayern Munich : Neuer – Lahm, Boateng, Badstuber,

2 Entretien réalisé par Matthias GEYER et Kurt RÖTTGEN pour le journal *Der Spiegel* en 2013.

Alaba – Schweinsteiger puis Müller 61e, Luiz Gustavo – Kroos- Ribéry, Robben – Gomez
Real Madrid : Casillas – Arbeloa, Pepe, Sergio Ramos, Coentrao – Xabi Alonso, Khedira – Özil puis Marcelo 69e – Di Maria puis Granero 79e, Ronaldo – Benzema puis Higuain 84e

½ FINALE RETOUR 2012
REAL MADRID/ BAYERN MUNICH 2-1 ap 1tab3
Buts : Ronaldo 6e sp, 14e pour le Real Madrid et Robben 27e sp pour le Bayern Munich
Real Madrid : Casillas – Arbeloa, Pepe, Sergio Ramos, Marcelo – Xabi Alonso, Khedira – Özil puis Granero 111e – Di Maria puis Kaka 75e, Ronaldo – Benzema puis Higuain 106e
Bayern Munich : Neuer – Lahm, Boateng, Badstuber, Alaba – Shweinsteiger, Luiz Gustavo – Kroos – Ribéry puis Müller 95e, Robben – Gomez

tirs au buts réussis : Xabi Alonso pour le Real Madrid et Alaba, Gomez, Schweinsteiger pour le Bayern Munich

FINALE 2012
BAYERN MUNICH/ CHELSEA 1-1 ap 3tab4
Buts : Müller 83e pour le Bayern Munich et Drogba 88e pour Chelsea
Bayern Munich : Neuer – Lahm, Boateng, Tymoshchuk, Contento – Schweinsteiger, Kroos – Müller puis Van Buyten 86e – Ribéry puis Olic 97e, Robben – Gomez
Chelsea : Cech – Bosingwa, Cahill, David Luiz, Cole – Mikel, Lampard, Bertrand puis Malouda 73e – Kalou puis Torres 84e, Mata – Drogba

tirs au buts réussis : Lahm, Gomez, Neuer pour le Bayern Munich et David Luiz, Lampard, Cole, Drogba pour Chelsea

II
LIGUE DES CHAMPIONS
2012/2013

LA PHASE DE GROUPES

Le groupe F

FC BAYERN MUNICH/ FC VALENCE 2-1
BATE BORISOV/FC BAYERN MUNICH 3-1
LILLE OSC/FC BAYERN MUNICH 0-1
FC BAYERN MUNICH/LILLE OSC 6-1
FC VALENCE/FC BAYERN MUNICH 1-1
FC BAYERN MUNICH/BATE BORISOV 4-1

Classement du groupe :

		Pts	J	G	N	P	BP	BC
1	**FC BAYERN MUNICH**	13 Pts	6	4	1	1	15	7
2	**VALENCE CF**	13 Pts	6	4	1	1	12	5
3	**BATE BORISOV**	6 Pts	6	2	0	4	9	15
4	**LILLE OSC**	3 Pts	6	1	0	5	4	13

FC BAYERN MUNICH/VALENCE CF 2-1

Buts : Schweinsteiger 18e, Kroos 76e pour le Bayern Munich et Valdez 91e pour Valence
Bayern Munich : Neuer – Lahm, Boateng, Dante, Badstuber – Javi Martinez puis Luiz Gustavo 69e, Schweinsteiger – Kroos – Ribéry puis Müller 46e, Robben – Pizarro puis Mandzukic 63e – entraîneur : Heynckes
Valence CF : Diego Alves – Pereira, Rami, Ricardo Costa, Cissokho – Feghouli, Parejo, Costa – Guardado puis Ramos 71e, Jonas puis Valdez 63e – Soldado puis Barragan 88e – entraîneur : Pellegrino

Le Bayern Munich commence la phase de groupes à domicile face à l'excellente équipe espagnole du Valence CF. Les deux clubs s'étaient affrontés en finale de cette même Ligue des Champions en 2001, et le Bayern Munich s'était imposé au terme d'un match serré. Il s'agit de la dernière victoire du club bavarois dans cette compétition. En ce jour de septembre, le Bayern Munich aborde sa quinzième campagne en Ligue des Champions sur les seize dernières saisons. Le groupe F proposé au Bayern Munich est assez équilibré. Outre le Valence CF, meilleur club espagnol derrière le FC Barcelone et le Real Madrid, se présentent le Lille OSC qui sort d'une très bonne saison et le BATE Borisov, club biélorusse qui est un peu l'inconnu du groupe mais qu'il ne faut pas sous estimer, surtout sur son terrain. Au moment de débuter le match face à Valence, le Bayern Munich est premier de la Bundesliga avec trois victoires et déjà neuf points au compteur. Jupp Heynckes apporte une retouche à son équipe de départ habituelle, en titularisant le péruvien Claudio Pizarro à la pointe de l'attaque en lieu et place du croate Mario Mandzukic qui prend place sur le banc des remplaçants. L'Allianz Arena est comble pour ce premier rendez-vous européen de la saison. Depuis 2005, le Bayern Munich évolue dans ce superbe stade de l'Allianz Arena, une véritable réussite architecturale entièrement dédiée au football, un formidable vaisseau de lumière près de l'autoroute. Dès le début du match, le Bayern Munich prend possession du ballon et teste le milieu de terrain et la défense espagnole. A la 3e minute de jeu, Franck Ribéry récupère le ballon, place une accélération dans son couloir gauche, centre à destination de Claudio Pizarro, mais ce dernier commet une faute qui redonne le ballon à Valence. Dès cette première action tranchante, on peut cependant voir que la vitesse et la percussion du Bayern Munich vont poser des problèmes à Valence et à son arrière garde un peu statique. Pendant les dix premières minutes, le Bayern Munich étouffe son adversaire qui ne parvient que difficilement à sortir de son camp de manière sporadique. Suite à un une-deux entre Toni Kroos et Claudio Pizarro, le Bayern Munich obtient son premier corner à la 11e minute. Le public encourage son équipe avec passion et de nombreux drapeaux aux couleurs du club bavarois s'agitent dans les tribunes. Arjen Robben frappe le corner qui est dégagé du poing par le gardien espagnol Diego Alves. Franck Ribéry se trouve à la réception du ballon et arme une reprise de volée qui échoue juste à côté. Première frayeur pour Valence. Ribéry tente ensuite un débordement à la 13e minute, transmet le ballon à Holger Badstuber qui parvient à centrer devant le but mais la défense réussit à se dégager sans dommage. La minute suivante, c'est au tour d'Arjen Robben de déborder et de centrer, mais sans plus de succès. A la 18e minute, Bastian Schweinsteiger servi dans l'axe à vingt mètres adresse une frappe à ras de terre que le gardien stoppe en se couchant. La domination allemande est totale. Une minute après la tentative de Schweinsteiger, c'est au tour de Toni Kroos de décocher un maître tir du pied gauche qui oblige le gardien Diego Alves à sortir le grand jeu. A la 20e minute, Diego

Alves doit à nouveau s'employer pour arrêter un tir cadré de Robben particulièrement virevoltant en ce début de match. La Bayern Munich obtient un nouveau corner à la 24e minute qui sème encore la panique dans la surface de Valence. Les joueurs de Jupp Heynckes alternent parfaitement les tirs, les débordements et les phases plus longues de construction en affichant une belle maîtrise technique. Une action particulièrement chaude se déroule ensuite à la 34e minute dans la surface espagnole avec un corner tiré par Toni Kroos que dégage Diego Alves sous la menace de Javi Martinez. Le ballon revient dans les pieds de Claudio Pizarro qui ne parvient pas à tromper le gardien. La première véritable action offensive de Valence survient à la 37e minute, lorsque sur le côté droit Feghouli adresse un centre fuyant que Manuel Neuer capte sans aucune difficulté. Sur l'action suivante, le Bayern Munich va enfin concrétiser sa très nette domination. Suite à une relance de Manuel Neuer, le ballon arrive dans les pieds de Franck Ribéry qui transmet immédiatement à Arjen Robben. Ce dernier passe le ballon à Bastian Schweinsteiger, parfaitement démarqué à droite de la surface de Valence. Le milieu bavarois n'hésite pas et d'une magnifique frappe croisée du pied droit ouvre le score en faveur du Bayern Munich (1-0). On joue alors la 38e minute et la domination allemande est totale dans tous les secteurs du jeu. Mais, les Bavarois ne se contentent pas de ce but d'avance et poursuivent leurs offensives, enchaînant les corners, mais en vain. La mi-temps survient sur ce score de 1-0. S'appuyant sur une possession de balle écrasante, le Bayern Munich a outrageusement dominé la première période et le public est pleinement satisfait du spectacle offert par le onze local.

A la pause, Jupp Heynckes décide de faire entrer en jeu Thomas Müller à la place de Franck Ribéry, auteur d'une bonne mi-temps mais qui a besoin de souffler en vue des échéances futures. Le second acte de cette confrontation s'ouvre sur l'engagement des joueurs bavarois. Valence commence avec des intentions offensives et se procure un bon coup-franc suite à une faute de Robben sur Feghouli. Tino Costa se charge de frapper mais Manuel Neuer très bien placé bloque le ballon sans difficulté. A la 50e minute, une belle combinaison entre Kroos et Robben échoue de peu en corner. Arjen Robben le frappe du gauche mais Ricardo Costa parvient à écarter le danger. Sur la contre-attaque, Tino Costa démarqué tente sa chance de loin d'un beau tir puissant qui oblige Manuel Neuer à se coucher sur sa gauche pour bloquer l'action espagnole. Les joueurs de Valence se montrent un peu plus dangereux, mais le Bayern Munich reste maître du ballon. A la 59e minute, Toni Kroos déclenche une frappe magnifique de puissance et de précision qui oblige le gardien Diego Alves à exécuter une incroyable claquette de la main droite pour dégager le cuir au-dessus de la barre. Sur le corner qui suit, Javi Martinez se montre le plus prompt mais sa tête n'est pas cadrée. A la 64e minute, Jupp Heynckes fait rentrer un attaquant frais en remplaçant Claudio Pizarro par Mario Mandzukic. A la 68e minute, les joueurs de Valence vont se montrer très pressant sur le but de Neuer avec une grosse occasion obtenue par Feghouli, le plus remuant des attaquants espagnols, qui parvient à déborder Dante dans la surface mais son tir est finalement contré et le ballon file en corner mais ce dernier ne va rien donner. Soucieux d'apporter un second souffle à son milieu de terrain, Heynckes procède à son dernier changement et fait entrer en jeu le Brésilien Luiz Gustavo à la place de l'impeccable Javi Martinez. Le Bayern Munich reprend le contrôle du match, impose à nouveau sa puissance et sa vitesse et à la 76e minute double la mise (2-0) par Toni Kroos, très en verve, qui suite à un service d'Holger Badstuber décoche sans aucun élan une frappe du droit de toute beauté qui va se ficher dans la lucarne droite de Diego Alves. Ce dernier ne peut que s'incliner. Étant donné la maîtrise bavaroise, le sort de la rencontre semble désormais entendu. Le Bayern Munich fait ensuite tourner le ballon et Valence ne parvient pas à se montrer dangereux. Mais, alors que le temps additionnel vient de débuter, Valence, contre toute attente, réduit le score sur un corner grâce à une tête de Joao Pereira (2-1). Piqué au vif, le Bayern Munich repart alors de l'avant et obtient dans la minute suivante un penalty tout à fait logique pour une faute grossière de Rami sur Arjen Robben. Mario Mandzukic s'avance pour tirer le penalty mais sa frappe est repoussée par le genou droit du gardien espagnol. L'arbitre siffle la fin du match sur cette action. La victoire du Bayern Munich, acquise avec la manière, est tout à fait logique et va lui permettre d'aborder la suite de cette difficile compétition avec sérénité.

BATE BORISOV/FC BAYERN MUNICH 3-1

Buts : Pavlov 23e, Rodionov 78e, Bressan 94e pour BATE Borisov et Ribéry 90e pour le Bayern Munich
Bayern Munich : Neuer – Lahm, Boateng, Dante, Badstuber puis Schweinsteiger 77e – Javi Martinez puis Shaqiri 58e, Luiz Gustavo – Kroos – Müller, Ribéry – Mandzukic puis Pizarro 75e – entraîneur : Heynckes
BATE Borisov : Gorbounov – Poliakov, Filipenko, Simic, Bordatchev – Olekhnovitch, Likhtarovitch puis Sivakov 66e, Volodko – Pavlov puis Bressan 84e – Rodionov puis Mozolevski 87e, Hleb – entraîneur : Goncharenko

Après sa belle victoire obtenue à domicile à l'Allianz Arena face à Valence lors de la première journée, le Bayern Munich rend visite au BATE Borisov, club biélorusse fondé en 1973. Le match se déroule non pas dans le petit mais bouillant stade de Gorodskoï mais dans l'enceinte beaucoup plus grande du Dinamo de Minsk. BATE est l'acronyme de **B**orisov Works of **A**utomobile and **T**ractor Electric **E**quipment. Crée sous le nom de Berezina Borissov, le club est renommé BATE Borissov en 1996. Depuis 1996, cette équipe a remporté neuf fois le Championnat de Biélorussie et deux fois la Coupe de Biélorussie. Le BATE Borisov a déjà rencontré un club allemand dans les Coupes d'Europe, un club de Munich même, le TSV Munich 1860 avec deux victoires à la clé 1-0 et 4-0 en faveur des Biélorusses. Méfiance donc. Une victoire à Minsk face à Borisov et le Bayern Munich se trouverait en situation très confortable au classement du groupe F. Mais le club bavarois va réaliser son plus mauvais match de la saison face à des Biélorusses survoltés et en grande réussite. Dès la 23e minute, le BATE Borisov ouvre le score sur un tir de Pavlov (1-0). Les Allemands essayent alors de réagir mais ne se procurent pas d'actions réellement dangereuse malgré un bon contrôle du ballon, et ils s'exposent à des contres très rapides menés par les attaquants locaux. C'est fort logiquement que le BATE Borisov vire en tête à la pause dans un froid glacial.

En deuxième période, les joueurs du Bayern Munich présentent un meilleur visage suite à un recadrage de Jupp Heynckes, mais il manque toujours quelque chose pour faire la différence et pour revenir au score. La domination est toujours bavaroise, mais le score n'évolue toujours pas. Les dernières minutes de la rencontre sont totalement débridées. A la 73e minute, Thomas Müller se joue de la défense biélorusse, contrôle le ballon et enchaîne une remarquable frappe en pivot qui échoue d'un rien. La minute suivante, c'est au tour de l'attaquant suisse du Bayern Munich, Xherdan Shaqiri, de se montrer dangereux mais le gardien biélorusse Gorbunov dégage des poings. Jupp Heynckes décide alors de faire entrer en jeu Claudio Pizarro et Bastian Schweinsteiger le meneur de jeu laissé au repos. Mais à la 78e minute, le BATE Borisov prend le large suite à une belle action menée sur le côté gauche par Bordachev, relayé par Olekhonovich puis par Rodionov qui d'une frappe puissante du pied gauche trompe Manuel Neuer (2-0). La situation s'annonce maintenant très compromise pour le Bayern Munich qui se trouve dans un soir où rien ne réussit, ni offensivement, ni défensivement, un jour « sans » total. Mais les joueurs bavarois ne baissent pas les bras pour autant. A la 83e minute, sur une percée de Franck Ribéry le vent du boulet frôle les oreilles biélorusses. En effet, le Français parvient à se mettre en position de tir, frappe sans se poser de question, mais son tir heurte de plein fouet la transversale de Gorbunov complètement battu. Dans la foulée, des actions de Philipp Lahm et de Xherdan Shaqiri donnent corners sur corners mais sans résultat au tableau d'affichage. Dans l'entame du temps additionnel, Franck Ribéry se trouve à la réception d'une nouvelle attaque de Shaqiri et place un tir croisé qui fait mouche (2-1). Le Bayern Munich revient dans la course mais il ne reste plus que quatre minutes à jouer. Il faut alors tenter le tout pour le tout et prendre les plus gros risques pour essayer d'égaliser. Mais, au jeu des contres, dans ce match où rien ne veut sourire, ce sont les Biélorusses qui ajoutent un nouveau but. Sur une contre-attaque, Mozolevski s'échappe, centre dans la surface et Renan Bressan conclut du pied droit. Invaincu depuis neuf matches, le Bayern Munich s'incline à Minsk face au BATE Borisov. Il s'agit d'une grosse surprise, mais le club bavarois se prépare déjà à réagir.

LILLE OSC/ FC BAYERN MUNICH 0-1

But : Müller 20e sp
Bayern Munich : Neuer – Lahm, Boateng, Dante, Badstuber – Javi Martinez, Schweinsteiger – Kroos puis Luiz Gustavo 81e – Müller puis Alaba 84e, Ribéry puis Shaqiri 46e – Mandzukic — entraîneur : Heynckes
Lille OSC : Landreau – Sidibé, Beria, Chedjou, Digne – Balmont, Pedretti puis Rozenhal 90e – Martin, Roux puis Mendes 77e – De Melo, Kalou puis Payet 56e – entraîneur : Garcia

Remarquable en Bundesliga avec huit victoires en huit matches, ce qu'aucun club n'avait jamais réalisé en Allemagne auparavant et avec vingt-six buts marqués pour seulement deux encaissés, le Bayern Munich se rend dans le Nord de la France sur le terrain du Lille OSC pour effacer la surprenante défaite survenue face au BATE Borisov. Mais les Français qui ont également besoin de la victoire entendent bien essayer de contrecarrer les ambitions bavaroises. Le Bayern Munich arrive aussi en France fort de ses quatre succès obtenus face à des clubs français lors des quatre derniers matches et sans encaisser le moindre but. Dès l'entame du match, le Bayern Munich presse sur la cage lilloise défendue par Mickael Landreau. En effet, le danger survient sur une belle passe de Philipp Lahm dans la surface pour Thomas Müller, mais ce dernier ne peut se mettre en position de tir. Dans les premières minutes, Lille essaie d'exercer un pressing assez haut sur le terrain, mais le Bayern Munich fait très bien tourner la balle et affiche une belle maîtrise technique. Les Allemands contrôlent bien le jeu, mais ne parviennent pas trop à s'approcher de la surface lilloise, malgré des tentatives de Franck Ribéry et Thomas Müller. A la 13e minute, les Bavarois obtiennent un bon coup-franc que frappe Toni Kroos et que Landreau se voit obliger de dégager des poings. Sur la contre-attaque, l'attaquant Lillois De Melo parvient à se débarrasser de Dante mais son tir non cadré s'envole très largement au-dessus de la transversale de Manuel Neuer. Le jeu s'équilibre, mais la puissance offensive des Allemands inquiète visiblement beaucoup le LOSC. A la 17e minute, le Bayern Munich obtient son premier corner. Même s'il ne donne rien, les joueurs Allemands accentuent la pression sur la défense lilloise. Les Lillois paraissent un peu fébrile et les Bavarois reprennent la possession du ballon inlassablement. Le match va basculer à la 19e minute suite à une accélération de Philipp Lahm qui pénètre balle au pied dans la surface française et se voit fauché en pleine course par Lucas Digne. L'arbitre siffle un penalty logique que Thomas Müller transforme sans trembler (1-0). Le LOSC tente immédiatement de réagir et Nolan Roux est reprit de peu par Holger Badstuber sur une belle attaque à la 23e minute. Mais le Bayern Munich ne veut pas céder un pouce de terrain et conserve le monopole du ballon grâce à sa supériorité technique et à son efficacité dans les duels. Il contrôle le match et oblige les Lillois à courir et à prendre des risques, s'offrant ainsi de très bons ballons pour contrer le club nordiste. Mais peu à peu, les velléités françaises se raréfient. Les Allemands ne sont pas mis en danger et alternent un très bon jeu de passes avec des attaques placées. Lille paraît complètement impuissant alors qu'il s'agit d'une bonne équipe qui a gagné brillamment la saison précédente sa qualification pour cette Ligue des Champions. Les tentatives bavaroises sont souvent stoppées par des interventions illicites de la défense lilloise. Les joueurs de Jupp Heynckes répondent par leur science des contacts, faisant valoir aussi leurs arguments physiques sans arrêter d'essayer de bien jouer au football. En fin de première mi-temps, le Bayern Munich parvient même à considérablement gêner les premières relances des centraux et des latéraux lillois. La pause survient sur ce score mérité en faveur des Allemands qui anesthésient totalement l'équipe lilloise sans pour autant puiser dans leurs réserves, loin de là.

Jupp Heynckes profite de la mi-temps pour procéder au changement de Franck Ribéry, un peu blessé, par Xherdan Shaqiri. Du poste pour poste, ce qui signifie que l'entraîneur allemand compte poursuivre dans la même voie en seconde période. La reprise se fait sur le même rythme et la même physionomie de jeu. Les Lillois semblent incapables de réellement bousculer la force collective du Bayern Munich. A la 51e minute, Xherdan Shaqiri déborde la défense lilloise et adresse en première intention un centre magnifique à destination de Toni Kroos à qui il manque seulement quelques centimètres pour reprendre le ballon. La Bayern Munich continue de faire courir le ballon pendant que les joueurs du LOSC s'énervent et commettent des fautes comme ce tacle très en retard de Lucas Digne sur Thomas Müller à la 53e minute. Les Français ne sont toujours pas dangereux hormis un tir lointain de Roux qui n'inquiète pas Neuer. Peu avant l'heure de jeu, Shaqiri se met à nouveau en évidence suite à une déviation de Mandzukic relayée par Müller, mais le tir du jeune suisse est finalement contré par un défenseur lillois. Ensuite, c'est au tour de Kroos de tenter sa chance d'une demi-volée mais sans succès. A la 62e minute de jeu, Thomas Müller sème la panique dans la défense en débordant puis un réalisant un centre dangereux qui ne va cependant pas trouver preneur. Enfin, le LOSC montre le bout de son nez et va se procurer une belle action à la 65e minute sur un long centre de Sidibé qui oblige Neuer à sortir et à pousser le ballon en touche. Le Bayern Munich ne s'affole cependant pas, reprend sa domination et parvient à se créer une nouvelle occasion à la 77e minute lorsque Müller se trouve à deux doigts de reprendre victorieusement un centre. Une action de Ryan Mendes, un centre de Marvin Martin contré par Philipp Lahm sont les derniers feux de cette rencontre. Le Bayern Munich quitte Lille logiquement victorieux. Sans réaliser un grand match, le club bavarois a dominé le club nordiste de la tête et des épaules, réalisant ainsi une très bonne opération au classement du groupe F dont il occupe désormais la tête à égalité avec Valence CF et le BATE Borisov.

FC BAYERN MUNICH/ LILLE OSC 6-1

Buts : Schweinsteiger 5e, Pizarro 18e, 28e, 33e, Robben 23e, Kroos 66e pour le Bayern Munich et Kalou 57e pour Lille

Bayern Munich : Neuer – Lahm, Boateng, dante, Alaba – Schweinsteiger puis Tymoshchuk 67e, Javi Martinez – Müller puis Kroos 61e – Ribéry puis Shaqiri 72e, Robben – Pizarro – entraîneur : Heynckes
Lille OSC : Landreau – Debuchy, Basa, Chedjou, Beria – Rozenhal puis Mavuba 46e, Balmont, Pedretti – Kalou puis Martin 73e, Roux – Payet puis De Melo 46e – entraîneur : Garcia

Suite à sa victoire à Lille, le Bayern Munich vise un nouveau succès ce soir pour le match retour afin d'asseoir sa domination sur le groupe. De son côté, le LOSC doit impérativement gagner à l'Allianz Arena s'il ne veut pas déjà sortir de cette Ligue des Champions, ce qui promet une rencontre disputée. Dès la 4e minute de jeu, le Bayern Munich se procure une énorme occasion de but suite à un débordement d'Arjen Robben qui s'infiltre plein axe dans la défense, parvient ensuite à centrer en direction de Thomas Müller côté gauche qui lancé à toute vitesse frappe au but. Son tir est dévié par le gardien lillois Mickael Landreau. Le match commence tambour battant, sans round d'observation et s'annonce bien plus intense que le match aller. La minute suivante, les Bavarois obtiennent un coup-franc à vingt-cinq mètres des cages françaises. Bastian Schweinsteiger enroule sa frappe du pied droit et trouve l'ouverture (1-0). L'entame du Bayern Munich est phénoménale. A la 8e minute, nouvelle situation brûlante devant les cages de Landreau. Sur un corner impeccablement dosé par Schweinsteiger, Müller se retrouve en position favorable mais son tir croisé instinctif ne trouve pas le cadre. Les Lillois sont acculés sur leur but et ne parviennent pas à desserrer l'étreinte, à l'exception d'une contre-attaque à la 11e minute où Mathieu Debuchy trouve Nolan Roux dont la tête décroisée s'envole au-dessus de la transversale de la cage gardée par Manuel Neuer. Afin de ne pas trop s'exposer aux contres et de ne pas permettre à Lille de défendre trop bas, Jupp Heynckes demande à ses hommes de reculer un peu et jouer à fond les occasions d'attaques qui se présentent. Cette tactique va s'avérer payante. En effet, à la 18e minute, le Bayern Munich double la mise sur une magnifique action. Claudio Pizarro dribble Balmont, échange avec Franck Ribéry un une-deux d'école, puis l'attaquant bavarois place une frappe à ras de terre à l'entrée de la surface qui trompe Landreau sur son côté gauche (2-0). Le Bayern Munich apparaît bien supérieur à son adversaire dans tous les domaines et l'addition risque d'être salée pour les Français. Et en effet, dès la 23e minute, les Allemands prennent irrémédiablement le large sur un coup-franc d'Arjen Robben dont le tir puissant est dévié dans son but par Florent Balmont (3-0). Sur les cinq tirs du Bayern Munich, quatre sont cadrés et trois ont fait mouche. Le LOSC réagit un peu à la 26e minute avec une action de Roux qui expédie un bon tir que Manuel Neuer arrête en deux temps sans trop s'affoler. Mais deux minutes plus tard, le Bayern Munich assomme les joueurs lillois en inscrivant un quatrième but sur une action intelligente du capitaine bavarois Philipp Lahm qui trouve Pizarro démarqué au premier poteau. Ce dernier dévie parfaitement le ballon dans le but (4-0). Le match tourne à la démonstration et le Bayern Munich semble capable de hausser encore son niveau de jeu. A la 33e minute, le calvaire lillois prend une ampleur supplémentaire. Philipp Lahm déborde côté droit et adresse un centre enroulé millimétré au point de penalty pour la tête de Pizarro qui expédie à nouveau le ballon au fond des filets (5-0). Claudio Pizarro réalise un triplé en quinze minutes ! L'Allianz Arena est en liesse, le spectacle et les buts sont au rendez-vous. Mais le Bayern Munich continue sa marche en avant et ne baisse pas de pied. Ainsi, à la 37e minute, Arjen Robben passe en revue la défense lilloise, pénètre balle au pied dans la surface et tente un tir lobé que Landreau repousse en corner avec grande difficulté. A la 45e minute, Franck Ribéry et David Alaba sèment la panique dans la défense. Le jeune arrière du Bayern Munich adresse ensuite un beau tir croisé qui finit sa course de peu à côté du cadre. La fin du premier acte est sifflé sur cette action. Quelle première mi-temps pleine de classe du club bavarois !

Jupp Heynckes reconduit les mêmes joueurs pour la seconde période et ne modifie pas son système de jeu, mais il a vraisemblablement demandé à ses hommes de ne pas se mettre dans le rouge en vue des prochaines échéances du club. Dans toute l'histoire de la Ligue des Champions jamais auparavant une équipe n'était parvenue à marquer cinq fois sans encaisser un seul but en retour en première mi-temps. C'est désormais chose faite. Malgré un jeu un peu plus équilibré, le Bayern Munich se procure à nouveau à la 54e minute une belle occasion suite à un débordement de Ribéry dans son couloir gauche. Il trouve Philipp Lahm au second poteau qui remet à Robben dans la surface mais le ballon est finalement dégagé par les lillois en proie à des sueurs froides. Le Bayern Munich pousse et se fait surprendre sur un contre rapide mené par Salomon Kalou qui, à la lutte avec Javi Martinez, parvient à frapper du pied gauche. Son tir magnifique se fiche dans la lucarne de Neuer qui ne peut rien (5-1). Mais le but lillois ne symbolise pas un retour des Nordistes dans le match. En effet, les joueurs du Bayern Munich reprennent leur large domination et, à la 66e minute de jeu, ils ajoutent un nouveau but sur une magnifique ouverture de

Bastian Schweinsteiger qui trouve Lahm dans son couloir. La capitaine du Bayern Munich adresse un centre en retrait parfait pour Toni Kroos qui, de l'entrée de la surface, place un tir à ras de terre qui ne laisse aucune chance à Landreau (6-1). Les Bavarois ne se lassent pas et continuent leurs attaques sur le but lillois. A la 70e minute, Kroos s'infiltre côté gauche et tente un relais avec Ribéry, mais ce dernier est hors jeu ce qui fait avorter l'action. A la 76e minute, Toni Kroos, encore lui, pénètre dans la surface à toute vitesse. D'un geste fabuleux, il talonne le ballon en direction de Robben qui frappe instantanément du pied gauche, mais le cuir est stoppé au dernier moment par un défenseur. A dix minutes de la fin du match, le LOSC se montre une dernière fois dangereux sur un centre contré de Martin qui heurte la transversale de Neuer. Mais les cinq dernières actions sont en faveur des Bavarois. A la 83e minute, Shaqiri au terme d'une action individuelle remarquable tire au but mais Landreau parvient à stopper sa frappe. A la 84e minute, Arjen Robben hérite du ballon dans la surface et d'un tir lobé malicieux est tout près de faire trembler les filets lillois. A la 88e minute, Anatoly Tymoshchuk adresse un tir puissant que Landreau dégage tant bien que mal. A la 89e minute, Robben au terme d'une belle action se présente face à Landreau mais le gardien parvient à capter le tir du pointu de l'attaquant. Et à la dernière minute du match, Anatoly Tymoshchuk se lance à l'attaque, trouve Toni Kroos en retrait aux vingt mètres. Le milieu de terrain allemand adresse un tir splendide qui est finalement contré. La rencontre s'achève sur cette tentative. Le Bayern Munich signe ce soir une victoire mémorable. La qualité de son jeu, son efficacité, sa puissance, la finesse tactique de son entraîneur peuvent lui laisser entrevoir une grande victoire au printemps, mais le chemin est encore long d'ici là et des adversaires redoutables seront à écarter.

VALENCE CF/ FC BAYERN MUNICH 1-1

Buts : Feghouli 77e pour Valence et Müller 82e pour le Bayern Munich

Bayern Munich : Neuer – Lahm, Badstuber, Dante, Alaba – Javi Martinez, Schweinsteiger – Kroos puis Shaqiri 66e – Müller, Ribéry puis Gomez 79e – Pizarro puis Mandzukic 66e – entraîneur : Heynckes
Valence CF : Guaita – Rami, Barragan, Ricardo Costa, Cissokho – Costa, Parejo puis Jonas 75e, Feghouli – Banega puis Albelda 80e, Guardado puis Valdez 86e – Soldado – entraîneur : Pellegrino

Le Bayern Munich retrouve Valence pour le match retour après un match aller particulièrement réussi au tout début de la compétition. Le but du club bavarois est de ne pas concéder de terrain aux Espagnols pour garder la tête du groupe. Une victoire serait très intéressante afin de terminer en tête du groupe mais un match nul serait néanmoins aussi un bon résultat à l'extérieur et permettrait au Bayern Munich de se qualifier pour les huitièmes de finale. Pour ce match, le club bavarois enregistre le retour dans le groupe de son attaquant Mario Gomez éloigné des terrains depuis plusieurs mois en raison d'une opération à la cheville. Par contre, Jérôme Boateng et Arjen Robben, indisponibles, ne sont pas de ce voyage en Espagne. Le match débute sur une allure soutenue, et Bastian Schweinsteiger est à la baguette pour les Allemands. La première occasion dangereuse survient à la 4e minute suite à un décalage de David Alaba qui trouve Franck Ribéry dans l'espace. Ce dernier déborde et adresse un centre puissant que les défenseurs de Valence parviennent à dégager. Le duo répète la même partition à la 7e minute, mais sans succès dans la finition. Le Bayern affiche une grande sérénité et domine les débats. Valence essaie de procéder en contre mais le milieu et la défense du Bayern Munich sont attentifs. Les joueurs de Heynckes obtiennent un coup-franc intéressant à la 14e minute, mais le tir d'Alaba s'envole au-dessus de la cage défendue par Guaita. Quatre minutes plus tard, les Bavarois sont tout près d'ouvrir le score sur un corner tiré par Bastian Schweinsteiger qui trouve la tête de Dante dans la surface. Le ballon cadré du Brésilien du Bayern Munich est puissant et oblige Guaita à réaliser une parade extraordinaire afin de sauvegarder sa ligne de but. Le Bayern Munich, fidèle à ses habitudes, construit patiemment ses attaques et beaucoup de ballons passent entre les pieds de Schweinsteiger très en forme. Ribéry, Alaba et Lahm sont également très actifs dans les couloirs. Le Bayern Munich affiche 64% de possession de balle à ce moment là du match. A la 32e minute, Valence se procure une action franche par Soldado qui parvient à centrer malgré l'opposition de Schweinsteiger. Le ballon parvient à Feghouli qui tire de près de l'extérieur du pied, mais Manuel Neuer se déploie et, à son tour, réalise un arrêt absolument fabuleux. A la 34e minute, le défenseur espagnol Barragan est expulsé par l'arbitre anglais Howard Webb pour un deuxième carton jaune suite à un tacle très dangereux — les deux pieds décollés du sol — sur David Alaba. Décision logique et incontestable de l'arbitre. A la 39e minute, Claudio Pizarro se joue de son garde du corps, contrôle parfaitement le ballon et place une magnifique frappe que Guaita parvient à repousser difficilement. Sur l'action suivante, c'est Valence qui se fait menaçant par Cissokho, mais Dante réussit à stopper la tentative du milieu valencian. Le club espagnol n'a pas la maîtrise du ballon mais se montre intelligent et rapide sur ses contres-attaques. Howard Webb siffle la mi-temps sur ce score de parité. Le Bayern Munich présente les meilleurs statistiques avec notamment cinq tirs contre quatre aux

Espagnols. Le match est très agréable à suivre et d'une très bonne qualité technique.

Le second acte reprend sous les mêmes hospices. Le Bayern Munich fait bien circuler le ballon, s'installe dans le camp valencian et place des flèches redoutables, alors que Valence attend dans son camp et joue à fond toutes les contres-attaques. A la 55e minute, Feghouli parvient à placer un bon centre qui trouve Soldado à la réception mais Neuer bloque sans problème la tentative de l'attaquant espagnol. A l'heure de jeu, le Bayern Munich accentue sa pression et coup sur coup parvient à se créer plusieurs situations chaudes. A la 60e minute, Philipp Lahm déborde dans son couloir droit, mais Rami dégage en corner. Sur ce dernier, joué en deux temps, la défense espagnole panique un peu mais Guaita se montre attentif. Une minute plus tard, c'est Bastian Schweinsteiger qui sème le trouble dans l'arrière garde espagnole. Il trouve Ribéry démarqué sur le côté gauche de la surface qui adresse un tir placé que le gardien détourne tant bien que mal. A la 67e minute, Dante se montre dangereux sur corner et à la 68e minute c'est Javi Martinez qui place un tir de peu au-dessus de la transversale de Valence. Les Bavarois poussent et sont à deux doigts de trouver l'ouverture à la 71e minute sur une action de Xherdan Shaqiri, rentré en jeu à la place de Toni Kroos, reprise de la tête par Mario Mandzukic, rentré en jeu à la place de Claudio Pizarro. Mais la tête magnifique de l'attaquant croate s'écrase contre le poteau. Cependant, c'est Valence qui, contre le cours du jeu, va trouver la faille à la 77e minute par Sofiane Feghouli dont le tir contré par Dante prend Neuer à contre-pied (1-0). Piqué au vif, le Bayern Munich qui évolue à onze contre dix va passer la surmultipliée. Après une bonne action de Shaqiri à la 81e minute, les Bavarois égalise la minute suivante sur une belle action collective. A l'origine, Philipp Lahm déborde, centre parfaitement pour Mario Gomez entré en jeu. Ce dernier transmet le ballon à Thomas Müller d'une magnifique talonnade. Müller frappe du point de penalty et trompe Guaita (1-1). Égalisation méritée pour le Bayern Munich même si Valence ne ferme pas le jeu. A la 83e minute, le club bavarois se montre à nouveau dangereux sur un corner repoussé du poing par le gardien valencian. David Alaba, intenable, essaie jusqu'à la fin de surprendre la défense espagnole, mais en vain, le score n'évolue plus jusqu'au coup de sifflet final. Le Bayern Munich prend la tête du groupe f à la différence de buts particulière puisque les deux équipes possèdent désormais dix points. Le dernier match sera déterminant pour décider du vainqueur du groupe qui aura l'avantage de rencontrer un second de groupe pour les huitièmes de finale de la compétition.

FC BAYERN MUNICH/BATE BORISOV4-1

Buts : Gomez 22e, Müller 54e, Shaqiri 66e, Alaba 83e pour le Bayern Munich et Filipenko 89e pour le BATE Borisov

Bayern Munich : Neuer – Rafinha, Van Buyten, Boateng, Contento – Tymoshchuk, Schweinsteiger puis Ribéry 72e – Kroos puis Alaba 64e – Müller puis Dante 55e, Shaqiri – Gomez – entraîneur : Heynckes

BATE Borisov : Gorbunov – Poliakov, Radkov, Filipenko, Bordatchev puis Yurevitch 84e – Olekhnovitch, Baga, Volodko – Kontsevoï puis Bressan 58e, Rodionov puis Vasiliouk 67e – Hleb – entraîneur : Goncharenko

Pour cet ultime match du groupe F, le Bayern Munich, déjà qualifié, vise un double objectif : terminer en tête du groupe et prendre une revanche sur le BATE Borisov étonnant vainqueur du match aller à Minsk. Un succès est donc l'unique objectif des Bavarois. Le Bayern Munich réalise un parcours époustouflant en Ligue des Champions et en Bundesliga puisqu'il est invaincu depuis neuf matches toutes compétitions confondues (six succès et trois nuls). Sa dernière défaite remonte au 28 octobre face au Bayer Leverkusen (1-2). Le match précédent a vu les Bavarois faire match nul (1-1) face au remarquable Borussia Dortmund avec un but de Toni Kroos à la clé. Pour ce match face au BATE Borisov, Jupp Heynckes a procédé à quelques ajustements dans son onze de départ. Ainsi, Mario Gomez occupe la pointe de l'attaque et Philipp Lahm est mis au repos sur le banc. D'autre part, le technicien natif de Mönchengladbach doit se passer des services de son défenseur Holger Badstuber blessé jusqu'à la fin de la saison en raison d'une rupture des ligaments du genou survenue face au Borussia Dortmund. De même, Arjen Robben et Luiz Gustavo sont indisponibles pour ce match face au Biélorusses. La première action intéressante de la rencontre en faveur du Bayern Munich intervient dès la 3e minute. Sur une action menée par Mario Gomez, Bastian Schweinsteiger se trouve en position favorable et décoche un bon tir du pied gauche à ras de terre que le gardien biélorusse Gorbunov parvient à stopper. Contrairement au match aller, le Bayern Munich prend le BATE Borisov à la gorge et ne compte pas lui laisser le loisir de développer ses contres redoutables. A la 8e minute, servi sur le côté gauche par Anatoly Timoshchuk, Xherdan Shaqiri centre dans la foulée devant le but, mais à nouveau le gardien biélorusse fait preuve de vigilance. Le BATE Borisov se procure sa première occasion à la 10e minute sur un tir de Kontsevoy que Manuel Neuer bloque facilement. Le Bayern Munich domine nettement les débats, parvenant à bien faire circuler le ballon. A la 22e minute, Shaqiri, virevoltant ce soir, dribble plusieurs joueurs de Borisov et place un centre au millimètre au premier poteau à destination de Mario Gomez qui devance le gardien biélorusse (1-0). Les choses s'engagent bien pour les Bavarois. Le BATE Borisov ne semble pas capable de rééditer son incroyable match aller à Minsk et le Bayern Munich produit une entame de match bien meilleure qu'en septembre dans le froid glacial de l'Est de l'Europe. Peu après l'ouverture du score, les joueurs Allemands se créent une nouvelle occasion de but lorsque Thomas Müller se joue de son adversaire et adresse un maître centre au point de penalty à Mario Gomez qui est finalement devancé in-extremis par le tacle d'un défenseur. Thomas Müller, puis Toni Kroos se montrent à leur tour dangereux mais sans pouvoir conclure. A la 38e minute, après un bon décalage de Shaqiri, Kroos se montre à nouveau offensif et percutant et place un tir remarquable que Gorbunov repousse des poings. La première mi-temps s'achève sur une intervention de Daniel Van Buyten devant Olekhnovich. Le Bayern Munich domine son sujet et personne ne doute qu'il soit en mesure de prendre le large après la pause.

La seconde période s'ouvre sur un coup de théâtre, puisque le défenseur allemand Jérôme Boateng est expulsé par l'arbitre écossais William Collum suite à un tacle dangereux sur Kontsevoy. La faute est plus maladroite que méchante, mais l'exclusion est logique. Réduit à dix pendant quarante minutes, le Bayern Munich va devoir gérer intelligemment la suite de cette rencontre. Et le club bavarois va y parvenir de manière magistrale. Quatre minutes après la sortie de Boateng, les hommes de Jupp Heynckes obtiennent un coup-franc près de la surface de Borisov. Toni Kroos se saisit du ballon, frappe le coup-franc vers la tête de Bastian Schweinsteiger qui dévie la course du ballon vers Thomas Müller placé en embuscade. L'attaquant munichois frappe à bout portant du pied droit et trompe Gorbunov (2-0). Il s'agit là du troisième but cette saison en Ligue des Champions pour Thomas Müller. Après ce but, et compte-tenu de l'expulsion de Boateng, Jupp Heynckes modifie intelligemment son dispositif tactique en remplaçant Müller, un attaquant, par Dante, un défenseur. L'équipe bavaroise est ainsi mieux équilibrée. Malgré son infériorité numérique, c'est le Bayern Munich qui se montre toujours le plus offensif et le plus spectaculaire par Kroos à l'heure de jeu et par Schweinsteiger une minute plus tard. Les Bavarois vont même prendre définitivement le large à la 66e minute suite à un débordement de Mario Gomez qui trouve au centre de la surface biélorusse Xherdan Shaqiri qui de la tête prend le meilleur sur Bordachev et bat Gorbunov (3-0). Les joueurs de Borisov s'énervent et à la 69e minute l'arbitre donne un carton rouge logique à Polyakov pour simulation et contestation. Les équipes évoluent maintenant à dix contre dix et le Bayern Munich poursuit son festival offensif. Ainsi, à la 71e minute, le latéral gauche David

Alaba adresse un tir tendu à ras de terre du pied droit à Gorbunov qui pousse un soupir de soulagement en voyant la tentative raser son poteau et finir sa course en sortie de but. A la 72e minute, Heynckes décide de laisser un peu reposer Bastian Schweinsteiger en vue des joutes futures et le remplace par Franck Ribéry dont les accélérations doivent logiquement faire souffrir une défense fatiguée, plutôt lente et pas toujours bien en place. Il ne faut pas attendre longtemps pour obtenir confirmation du judicieux choix tactique de l'entraîneur allemand. A la 83e minute, sur un débordement de Ribéry, David Alaba, auteur d'une prestation haut de gamme, réalise un enchaînement splendide au cœur de la défense du BATE Borisov et d'un tir du gauche foudroyant inscrit le quatrième but du Bayern Munich (4-0). Franck Ribéry est bien près d'ajouter un cinquième but sur une belle action à la 85e minute, mais c'est finalement le BATE Borisov qui pour l'anecdote va sauver l'honneur et clôturer la marque à la 89e minute par Filipenko d'un astucieux tir du droit (4-1). Le public de l'Allianz Arena félicite longuement son équipe qui a produit un football de qualité et s'adjuge la première place du groupe F devant Valence. La défaite du match aller face aux joueurs de Borisov est de plus largement balayée par la victoire obtenu ce mercredi 5 décembre. A présent, la Ligue des Champions fait relâche jusqu'en février. Ce sera alors le temps des huitièmes de finales et des redoutables et passionnantes confrontations à élimination sur deux matches.

III
1/8 DE FINALE

ARSENAL/FC BAYERN MUNICH 1-3

FC BAYERN MUNICH/ARSENAL 0-2

ARSENAL/ FC BAYERN MUNICH 1-3

Buts : Kroos 7e, Müller 21e, Mandzukic 77e pour le Bayern Munich et Podolski 55e pour Arsenal
Bayern Munich : Neuer – Lahm, Van Buyten, Dante, Alaba – Javi Martinez, Schweinsteiger – Kroos puis Luiz Gustavo 73e – Müller, Ribéry puis Robben 63e – Mandzukic puis Gomez 78e – entraîneur : Heynckes
Arsenal : Szczesny – Sagna, Mertesacker, Koscielny, Vermaelen – Wilshere, Arteta – Ramsey puis Rosicky 71e – Podolski puis Giroud 72e, Cazorla – Walcott – entraîneur : Wenger

Pour ces huitièmes de finales de la Ligue des Champions, le Bayern Munich a hérité lors du tirage au sort d'un adversaire de gros calibre avec le club londonien d'Arsenal dirigé par Arsène Wenger. Cette équipe est une habituée des joutes européennes et a réalisé à plusieurs reprises des parcours remarquables en Ligue des Champions, comme sa place de finaliste en 2006 en atteste. Le premier des deux matches se déroule à Londres dans le magnifique stade de l'Emirates Stadium où Arsenal évolue habituellement. La faveur des pronostics va au club bavarois tant il réalise une saison étincelante, mais dans son antre Arsenal est capable de venir à bout de n'importe quel adversaire aussi huppé et aussi en forme soit-il. Pour ce match, Jupp Heynckes enregistre le retour dans le groupe d'Arjen Robben qui avait manqué sur blessure le précédent match de Ligue des Champions. Le coup d'envoi de cette première confrontation est donné par l'arbitre norvégien M. Moen. Les supporters anglais font régner une ambiance fabuleuse autour de la pelouse. D'entrée de jeu, le Bayern Munich essaie de monopoliser le ballon et d'imposer son rythme, mais c'est Arsenal qui est le premier dangereux à la 3e minute sur une action de

Jack Wilshere qui transmet le ballon à Cazorla démarqué. Ce dernier pénètre dans la surface bavaroise mais Manuel Neuer peut capter le centre du joueur d'Arsenal. Le début de match est intense et équilibré, mais à la 7e minute le Bayern Munich place une accélération foudroyante par Franck Ribéry dans son couloir droit. Ribéry trouve ensuite Thomas Müller qui, sans contrôle, adresse un centre d'une très grande précision à destination de Toni Kroos qui, à hauteur de la ligne de la surface, décoche un tir remarquable malgré le retour de Per Mertesacker et trompe le gardien d'Arsenal Szczesny (1-0). Quel tir et quelle action magnifiques ! Le match s'engage de la meilleure façon pour un Bayern Munich conquérant. A la 11e minute, les Bavarois se montrent à nouveau dangereux par Bastian Schweinsteiger qui décale Toni Kroos dont la passe est ponctuée par un tir puissant de Daniel Van Buyten monté aux avant-postes. Le jeu du Bayern Munich est fluide, percutant, et l'équipe est parfaitement organisée. Arsenal souffre, a du mal à récupérer le ballon et à l'utiliser efficacement. A la 21e minute, le Bayern Munich double logiquement la mise plongeant l'Emirates Stadium dans le silence. Sur un corner parfaitement frappé par Toni Kroos, le ballon parvient sur la tête de Daniel Van Buyten dont le coup de canon oblige Szczesny à effectuer une parade réflexe incroyable. Mais le ballon revient dans les pieds de Thomas Müller qui a flairé le bon coup et qui conclut acrobatiquement l'action face au but (2-0). Avant même la première demi-heure de jeu, le Bayern Munich prend une option sur le match et fait admirer sa classe. Son jeu est un véritable régal. Les Anglais tentent de réagir par Jack Wilshere qui adresse un long ballon devant les cages de Neuer, mais la reprise du géant allemand d'Arsenal Mertesacker est finalement contrée par la défense bavaroise. Peu à peu, Arsenal refait surface même si les Allemands demeurent dominateurs. A la dernière minute du premier acte, le Bayern Munich se retrouve bien près de prendre le large suite à un débordement et un magnifique centre du capitaine Philipp Lahm à destination de son attaquant Mario Mandzukic démarqué au point de penalty. Le joueur croate ajuste une parfaite reprise de la tête qui frôle le poteau de Szczesny largement battu sur l'action. Le score en faveur des Allemands à la mi-temps est amplement justifié. Les hommes de Jupp Heynckes ont développé un football chatoyant et complet sans être mis réellement en danger par les attaques d'Arsenal qui disposent de peu d'espaces et de temps pour lancer ses actions. Mais nul doute que l'équipe anglaise va essayer de refaire son retard pendant les quarante-cinq dernières minutes.

La rencontre reprend sur des bases élevées. Le ballon court d'un but à l'autre sans aucun temps mort. A ce petit jeu, ce sont les joueurs d'Arsenal qui se montrent le plus adroit et parviennent à réduire le score à la 55e minute sur une tête de l'attaquant allemand d'Arsenal Lukas Podolski, suite à une erreur d'appréciation de Manuel Neuer (2-1). Le match se trouve relancé. Les duels sont âpres, les contacts nombreux : un grand match européen ! Le Bayern Munich fait le dos rond face aux offensives d'Arsenal. Mais, les joueurs bavarois ne s'affolent pas, font preuve de solidarité et savent se montrer efficaces sur les contres-attaques. Peu à peu, le Bayern Munich parvient a desserrer l'étreinte anglaise et à reprendre le contrôle du ballon. A la 63e minute, Toni Kroos adresse un redoutable tir tendu que Szczesny dégage comme il peut en corner. Sur le corner, Javi Martinez prend le dessus sur la défense anglaise, coupe la trajectoire du cuir au premier poteau, mais sans parvenir à cadrer sa tentative. A la 65e minute, Jupp Heynckes décide de lancer Arjen Robben dans l'arène à la place de Franck Ribéry courageux mais pas décisif ce soir. L'attaquant néerlandais du Bayern Munich s'illustre immédiatement en combinant avec Kroos, mais les joueurs d'Arsenal se dégagent. Les hommes d'Arsène Wenger poussent à leur tour et se procurent quelques occasions par Wilshere à la 70e minute, par Podolski la minute suivante, puis par Olivier Giroud à la 72e minute qui reprend un centre de Walcott au point de penalty mais se heurte à la formidable sortie de Manuel Neuer qui se rattrape de son erreur de la 55e minute. Mais le Bayern Munich n'est pas en reste et se procure également de son côté des situations favorables devant les cages d'Arsenal. Et finalement les Bavarois, au contraire de leur adversaire, vont concrétiser l'une de leurs occasions. Ainsi, à la 77e minute, Arjen Robben s'échappe et lance en profondeur Philipp Lahm auteur d'un magnifique appel de balle au cœur de la surface des Gunners. Le capitaine Allemand contrôle le ballon puis centre dans la foulée devant le but de Szczesny. Le ballon puissant est habilement coupé par Mario Mandzukic qui devance Sagna et permet au Bayern Munich de reprendre ses aises (3-1). Dans les instants qui suivent, Jupp Heynckes fait entrer Mario Gomez en jeu à la place du buteur croate. Mais les Bavarois ne contentent pas de ce net avantage acquis à l'extérieur et poursuivent leur festival offensif. A la 82e minute, le milieu brésilien Luiz Gustavo déclenche un tir surpuissant des vingt-cinq mètres. Le ballon est involontairement détourné par Gomez, ce qui surprend le gardien, qui ne peut que repousser le ballon dans les pieds de l'attaquant allemand, qui, surpris à son tour, ne parvient pas à cadrer sa reprise. Les cinq dernières minutes du match sont à l'avantage d'Arsenal, mais les joueurs d'Arsène Wenger ne parviennent pas à inquiéter véritablement Manuel Neuer. Le match s'achève sur la victoire logique du Bayern Munich au terme d'un match alerte et d'une grande qualité technique. A l'issue de la rencontre, la possession du ballon est à l'avantage des Gunners avec 57%, mais les tirs et les tirs cadrés, de même que les corners, sont à l'avantage du Bayern Munich (dix-sept à dix, six à trois, huit à deux). Avant ce match, Arsenal avait perdu seulement deux de ses dix-sept matches à domicile lors de la phase à élimination directe de la Ligue des Champions et seulement face à deux clubs anglais (Chelsea en 2004 et Manchester United en 2009), ce qui démontre la qualité du résultat obtenu par le Bayern Munich. Les joueurs bavarois auteurs en effet d'une remarquable prestation peuvent d'ores et déjà préparer le match retour avec sérénité, même si, face à une équipe du calibre d'Arsenal, rien n'est encore complètement joué.

FC BAYERN MUNICH/ ARSENAL 0-2

Buts : Giroud 3e, Koscielny 86e pour Arsenal
Bayern Munich : Neuer – Lahm, Van Buyten, Dante, Alaba – Javi Martinez, Luiz Gustavo – Kroos puis Tymoshchuk 81e – Müller, Robben – Mandzukic puis Gomez 73e – entraîneur : Heynckes
Arsenal : Fabianski – Jenkinson, Mertesacker, Koscielny, Gibbs – Arteta, Ramsey puis Gervinho 72e, Rosicky – Cazorla, Walcott puis Oxlade-Chamberlain 72e – Giroud – entraîneur : Wenger

Après un match aller parfait à Londres, le Bayern Munich entend bien gagner son billet pour les quarts de finales à l'issue du match retour disputé le mercredi 13 mars 2013 à l'Allianz Arena. Les supporters allemands espèrent assister à un spectacle de la même qualité qu'à l'aller entre ces deux ténors européens. Mais Jupp Heynckes doit composer avec la suspension de son meneur de jeu Bastian Schweinsteiger et avec l'absence de Franck Ribéry blessé, en plus des absences déjà programmées de Jérôme Boateng suspendu encore un match et d'Holger Badstuber blessé depuis plusieurs mois à un genou. Le match débute à peine que les Gunners d'Arsenal refont une partie de leur retard grâce à Olivier Giroud qui reprend un centre de Walcott au second poteau (1-0). Stupeur à l'Allianz Arena. Mais le Bayern Munich a de la marge, car compte-tenu des buts marqués à l'extérieur par les Allemands, une victoire 2-0 serait insuffisante pour le club anglais qui doit l'emporter 3-0 ou 4-1 pour se qualifier ou encore obtenir un score de 3-1 pour jouer une prolongation. Les joueurs bavarois se remettent donc vite dans le sens du jeu et entendent faire comprendre aux Anglais qu'ils n'ont pas l'intention de s'en laisser compter. Ainsi, à la 5e minute, Toni Kroos décoche un magnifique tir du droit que Fabianski maîtrise au prix d'un remarquable plongeon. Le Bayern Munich développe bien son jeu mais la défense anglaise fait front. A la 10e minute, Thomas Mūller obtient un corner que Kroos se charge de frapper. Le centre du milieu bavarois est dégagé par la défense d'Arsenal mais le ballon revient immédiatement dans les pieds de Luiz Gustavo qui des dix mètres tente sa chance, mais le cuir flirte avec le haut de la barre transversale et sort. Les joueurs de Jupp Heynckes font le forcing pour égaliser et Toni Kroos, puis Philipp Lahm sont contrés au dernier moment par l'arrière garde anglaise bien regroupée. La possession du ballon est allemande, mais il manque un brin de réussite dans le dernier geste pour faire la différence. A la 23e minute, une belle combinaison entre Lahm et Luiz Gustavo fait passer des frissons dans les dos anglais et une minute plus tard une belle phase collective du Bayern Munich est conclue par un tir du gauche de Javi Martinez qui n'inquiète pas Fabianski. Le gardien d'Arsenal s'illustre par contre à la 26e minute sur un tir enroulé du droit de Toni Kroos consécutif à un bon travail de Philipp Lahm très actif. C'est ensuite au tour d'Arjen Robben de tenter sa chance au terme d'une bonne action individuelle, mais son tir ne trouve pas le cadre. A la 30e minute, le Bayern Munich se crée à nouveau une belle occasion de but sur un centre de Robben reprit par Thomas Müller mais le tir de l'attaquant bavarois termine sa course dans le petit filet. Arsenal courbe l'échine face aux attaques du Bayern Munich mais il ne rompt pas. Le milieu bavarois domine les débats et annihile toutes les velléités de contre des Gunners qui n'ont pas de possibilité de doubler la mise. A la 34e minute, suite à un coup-franc pour une faute commise sur Müller, Kroos à la manœuvre cherche la tête de Daniel Van Buyten mais Per Mertesacker s'interpose et dégage le ballon. Malgré un dernier coup de rein avant la mi-temps, le Bayern Munich ne réussit pas à trouver la faille dans la carapace anglaise et l'arbitre renvoie les deux équipes au vestiaire sur cet avantage d'un but en faveur des joueurs d'Arsène Wenger. Même si le Bayern Munich se montre maladroit devant la cage de Fabianski, le club bavarois domine le match et ne concède aucune occasion de but depuis la réussite de Giroud à la 2e minute, ce qui lui permet de ne pas angoisser en vue de la deuxième mi-temps.

Les joueurs du Bayern Munich entame le deuxième acte pied au plancher. A la 47e minute, un corner de Robben puis un centre de Kroos sèment la panique dans la surface d'Arsenal. Peu après, c'est un tir de Kroos, à l'origine de beaucoup d'actions, qui file à quelques centimètres du poteau de Fabianski. Le Bayern Munich continue sa course poursuite au tableau d'affichage, mais les Bavarois ne sont pas en réussite et Lahm à la 54e minute, puis Müller à la 58e minute ne parviennent pas à tromper Fabianski toujours bien placé sur sa ligne. Peu après l'heure de jeu, le Brésilien Luiz Gustavo semble pouvoir être enfin en mesure d'égaliser après un joli travail de l'infatigable Philipp Lahm, mais son tir aux vingt mètres est un peu trop enlevé. De son côté, Arsenal se contente de défendre son but d'avance, sans parvenir à se montrer dangereux. Mais, à la décharge des Anglais, la pression des Bavarois est telle qu'il leur est difficile de faire autre chose. A la 68e minute de jeu, Thomas Müller lance intelligemment Arjen Robben en profondeur. Celui-ci prend de vitesse la défense anglaise, se retrouve face à Fabianski qui détourne in extremis en corner le tir du Néerlandais. Le public de l'Allianz Arena gronde et soutient bruyamment son équipe. Toni Kroos tire le corner qui est repoussé par la défense anglaise assez à l'aise de la tête. Mais le ballon revient dans les pieds de Kroos qui trouve intelligemment Javi Martinez dans l'espace. Ce dernier frappe immédiatement au but mais le ballon est contré par une forêt de jambes anglaises. Rien ne veut rentrer ce soir ! A l'approche de son terme, le match s'emballe. C'est d'abord Arsenal qui obtient une occasion de but par Gervinho après une combinaison avec Cazorla. Malgré la présence de Dante, Cazorla frappe au but mais son tir n'est pas cadré. Le Bayern Munich réplique aussitôt et Thomas Müller au bout d'une belle action individuelle place un bon tir du pied droit que Fabianski parvient à stopper. Le gardien polonais réalise un match parfait. Le match demeure indécis, mais à la 86e minute, sur le premier corner du match obtenu par Arsenal, Laurent Koscielny décoche une tête décroisée qui trompe Manuel Neuer sur sa gauche (2-0). Les Anglais ne sont plus qu'à un but de la qualification, mais il ne reste plus qu'une poignée de minutes à jouer. Néanmoins, les supporters allemands sont très fébriles. Les supporters mais pas les joueurs qui vont parfaitement maîtriser cette fin de match et monopoliser le ballon jusqu'au coup de sifflet final. Le Bayern Munich se qualifie dans la douleur, mais à la vue des deux matches, la qualification des Bavarois est logique et méritée même si Arsenal a montré de belles qualités.

IV

1/4 DE FINALE

FC BAYERN MUNICH/JUVENTUS TURIN 2-0

JUVENTUS TURIN/FC BAYERN MUNICH 0-2

FC BAYERN MUNICH/JUVENTUS TURIN
2-0

Buts : Alaba 1ere, Müller 63e
BAYERN : 55% de possession, 22 tirs, 8 corners
JUVENTUS : 45% de possession, 8 tirs, 4 corners

BAYERN MUNICH :

NEUER
LAHM VAN BUYTEN DANTE ALABA
SCHWEINSTEIGER LUIZ GUSTAVO
KROOS
RIBERY MÜLLER
MANDZUKIC

Remplacements : ROBBEN 16e pour KROOS, GOMEZ 91e pour MANDZUKIC, SHAQIRI 93e pour RIBERY – entraîneur : : HEYNCKES

JUVENTUS TURIN :

BUFFON
CHIELINI BONUCCI BARZAGLI
PELUSO LICHSTEINER VIDAL
PIRLO
MARCHISIO MATRI
QUAGLIARELLA

Remplacements : VUCINIC 65e pour MATRI, GIOVINCO 65e pour QUAGLIARELLA, POGBA 75e pour PELUSO – entraîneur : CONTE

Le tirage au sort pour ces quarts de finales n'a pas était clément pour le Bayern Munich puisque il doit affronter et battre la grande Juventus Turin pour accéder au dernier carré de la compétition. Après Arsenal, deux nouveaux matches fabuleux se profilent. Le Bayern Munich a remporté quatre fois la Ligue des Champions et la Juventus Turin deux fois. Les deux géants se sont affrontés en 2009 en poule de la Ligue des Champions pour un succès de chaque côté. Mais la Juventus Turin ne réussit pas trop contre les clubs allemands dans les matches à gros enjeu, pour mémoire les finales de Ligue des Champions perdues en 1983 face au Hambourg SV (1-0) et en 1997 face au Borussia Dortmund (3-1). Pour le match de ce soir, le Bayern Munich est privé de Javi Martinez suspendu et toujours d'Holger Badstuber indisponible jusqu'à la fin de la saison. La première manche se déroule au sein d'une Allianz Arena comble, colorée et passionnée et qui attend une revanche de son équipe après la défaite sans conséquence contre Arsenal au match retour des huitièmes de finales. Le match débute sur un coup de tonnerre signé David Alaba pour le Bayern Munich. Dès la 24e seconde de jeu, le latéral gauche place une frappe phénoménale de trente mètres qui est imperceptiblement déviée par le milieu de la Juventus Vidal et va se loger au fond des filets de Gianluigi Buffon (1-0). Il s'agit du deuxième but d'Alaba en Ligue des Champions cette saison. C'est le but le plus rapide inscrit cette saison en Ligue des Champions, le septième depuis l'instauration de la nouvelle formule de la compétition en 1992-1993. Le record est détenu par l'attaquant néerlandais du Bayern Munich, Roy Makaay, qui avait marqué au bout de 10, 2 secondes contre le Real Madrid (2-1, le 7 mars 2007) en huitièmes de finale retour. L'Allianz Arena exulte, les drapeaux s'agitent dans tous les sens et les chants s'élèvent des travées. Le tir victorieux de David Alaba met fin à 492 minutes d'invincibilité en Ligue des Champions pour l'équipe turinoise. La rencontre ne peut pas mieux débuter pour les Bavarois. La Juventus est sonnée. Les joueurs de Jupp Heynckes gagnent tous les duels en ce début de match et ne laissent pas respirer l'équipe italienne très fébrile. Le combat au milieu de terrain est intense et la conquête du ballon est une lutte de tous les instants. La première réaction de la Juventus Turin survient à la 12e minute avec un bon coup-franc d'Andrea Pirlo mais son tir est trop enlevé et passe au-dessus de la barre transversale de Manuel Neuer. La minute suivante, c'est Vidal qui adresse un tir de vingt-cinq mètres, mais le ballon n'est pas cadré. A la 14e minute, Toni Kroos s'écroule soudainement au milieu du terrain victime d'une grave blessure, une déchirure aux adducteurs, qui va le tenir éloigné des terrains jusqu'à la fin de la saison. Il s'agit là d'un indéniable coup dur pour le Bayern Munich tant Toni Kroos réalise de belles choses depuis le début de la compétition. Jupp Heynckes fait alors entrer en jeu Arjen Robben et procède à un réaménagement tactique en plaçant Thomas Müller dans l'axe de manière à faire jouer Robben dans son couloir favori, là où il est le plus efficace. La polyvalence de Müller est un atout précieux. Dès la 19e minute, Arjen Robben se fait remarquer en reprenant un centre de Franck Ribéry mal dégagé par la défense italienne. Le tir instantané de l'attaquant néerlandais oblige Buffon à s'employer pour repousser le danger. L'action suivante voit un superbe travail préparatoire de Mario Mandzukic qui sert parfaitement Ribéry en profondeur. Le Français décoche un bon tir qui est contré par la défense italienne et file en corner. La vitesse du Bayern Munich perturbe considérablement la défense turinoise. A la 22e minute, suite à un corner tiré par Robben, Dante parvient à placer un puissant coup de tête qui rase la transversale. Le Bayern Munich quadrille bien le terrain et fait bien tourner le ballon à l'image de son capitaine Philipp Lahm qui a déjà touché vingt-six ballons à ce moment du match. A la demi-heure de jeu, Bastian

Schweinsteiger frappe un magnifique coup-franc enroulé qui passe de peu à côté du but de Buffon. Les attaquants bavarois multiplient les combinaisons à l'image de Ribéry très actif. A la 33e minute, Lahm déborde dans son couloir droit, place un centre en retrait parfait à destination de Robben mais, pourtant en position idéale, ce dernier ne cadre pas sa reprise. Il va se rattraper à la 35e minute, en décochant un maître tir sur lequel Buffon est obligé de se coucher une nouvelle fois. Le Bayern Munich se montre toujours aussi dominateur dans tous les secteurs du jeu et les Turinois s'en sortent bien avec un seul but de retard au tableau d'affichage. Mario Mandzukic sème la panique dans la surface italienne à la 36e, puis encore à la 38e où il est bousculé de façon peut-être illicite, et à nouveau à la 39e d'une belle reprise de la tête. Le Bayern Munich pousse encore juste avant la mi-temps et Bastian Schweinsteiger se trouve être à deux doigts de doubler la mise sur une frappe judicieuse à l'entrée de la surface, mais le ballon passe légèrement au-dessus de la transversale. La dernière occasion du premier acte est italienne, avec une tête de Bonucci consécutive à un corner, mais là encore le ballon est trop enlevé et s'envole au-dessus de la cage défendue par Neuer. La pause intervient donc sur cet avantage d'un but pour le Bayern Munich. Vu la physionomie du match, ce score est tout à fait logique et même pas cher payé pour les Turinois. Les Bavarois pratiquent un jeu séduisant, percutant, mais ils pêchent encore dans la finition. Tout reste ouvert pour la deuxième mi-temps.

Dès la reprise du match, le Bayern Munich repart à l'abordage de la cage de Buffon et Mario Mandzukic place une belle tête dans un angle fermé, mais sans succès. La Juventus Turin essaie de jouer plus haut, mais la qualité de l'opposition bavaroise les empêche de se montrer dangereux. A la 52e minute, une belle combinaison entre

Arjen Robben et Thomas Müller est proche d'aboutir mais la défense turinoise peut repousser le ballon. Ensuite, c'est au tour de Ribéry, puis de Luiz Gustavo d'inquiéter Buffon coup sur coup à la 53e minute de jeu. A la 56e minute, l'Allianz Arena est toute proche de vivre le remake du début du match puisque David Alaba frappe puissamment un coup-franc excentré qui oblige Buffon à réaliser un arrêt de grande classe. A l'heure de jeu, le Bayern Munich en est à 251 passes réussies contre 197 à la Juventus Turin et il ne lui manque plus qu'un deuxième but pour asseoir complètement sa domination et préparer le match retour dans des conditions très favorables. Et ce but tant attendu survient à la 63e minute de jeu sur une action initiée par Luiz Gustavo dont la frappe lointaine est repoussée par Buffon dans les pieds de Mandzukic bien placé. L'attaquant croate trouve ensuite Thomas Müller démarqué qui pousse le ballon au fond des filets italiens (2-0). Il s'agit là du 5e but de Müller en Ligue des Champions cette saison. Le Bayern Munich prend une option sur la qualification. A la 68e minute, Bastian Schweinsteiger tire parfaitement un coup-franc, mais Vidal repousse le danger avant de se procurer en contre une belle occasion de réduire le score mais Manuel Neuer réalise sur cette action un sauvetage talentueux. Deux minutes plus tard, c'est Franck Ribéry qui sur un tir de loin permet à Buffon de faire admirer sa virtuosité. La Juventus Turin s'aventure un peu plus souvent dans le camp munichois, mais elle s'expose aussi à des contres foudroyants de Robben, Ribéry ou Müller qui à la 79e minute frappe de peu à côté. A la 81e minute, suite à une faute sur Alaba, Schweinsteiger, très précis dans ses coups de pieds ce soir, tire magistralement le coup-franc contraignant Buffon à sortir encore le grand jeu pour boxer le ballon. La Juventus Turin qui ne parvient pas à bousculer le Bayern Munich use alors des vieilles ficelles de la provocation pour essayer de déstabiliser les hommes de Jupp

Heynckes. La tension monte d'un cran sur le terrain, mais l'arbitre se montre vigilant. Les trois dernières occasions du match sont à l'avantage des Bavarois avec une tentative en pivot de Franck Ribéry à la 87e minute, une passe en profondeur d'Arjen Robben pour Bastian Schweinsteiger un peu court à la 89e minute, et un formidable tir de Thomas Müller servi par Mario Mandzukic dans les arrêts de jeu que Buffon détourne incroyablement. Le score en reste là et l'arbitre siffle la fin de cette palpitante rencontre. Le Bayern Munich réalise le match quasi parfait et sa victoire ne souffre d'aucune contestation. Il reste à l'équipe bavaroise a accomplir le même match au retour afin de rejoindre le dernier carré de la compétition.

LES REACTIONS D'APRES MATCH :

Philipp LAHM : « Ce soir, nous avons réalisé un grand match de la première à la dernière minute. Nous nous sommes montrés très agressifs, concentrés et disciplinés. Cette victoire, entièrement méritée, et cette prestation constituent un match référence pour nous. Rien n'est encore fait car il y a un match retour dans une semaine, et face à une équipe de la trempe de la Juventus, il faut à tout prix rester prudents. »

Franck RIBERY : « On a fait un très bon match ce soir. On gagne 2-0, mais ce n'est pas fini. La Juventus est une grosse équipe. On voulait absolument gagner, on espère aller au bout. C'est vrai qu'on aurait pu en marquer un troisième mais le plus important, c'était de ne pas prendre de buts. On a tous défendu ensemble. Ce soir, j'ai encaissé beaucoup de coups et j'estime que l'arbitre aurait dû sortir un carton jaune pour Vidal bien avant. »

Manuel NEUER : « Le fait de marquer dès la première minute a été excellent pour nous et la Juve a été choquée, mais nous ne sommes pas encore en demi-finales. Dans le jeu, nous avons été très costauds et la Juventus ne s'est créé quasiment aucune occasion. C'était capital de ne pas encaisser de buts, c'est un résultat idéal, mais nous avons encore beaucoup de travail. Il ne faudra surtout pas sous-estimer la Juventus au retour mais, si nous sommes aussi appliqués et intelligents dans le jeu, nous passerons. »

Karl-Heinz RUMMENIGGE (président) : « Avant le match, j'aurais signé tout de suite pour un tel score. Mais il reste un match difficile à disputer à Turin. J'ai trouvé que Franck Ribéry a été énorme et, dans l'ensemble, notre équipe a réalisé un grand match. La Juve s'est créé très peu d'occasions, ça veut tout dire. Nous avons largement dominé les débats et je suis fier de notre équipe. »

JUVENTUS TURIN/FC BAYERN MUNICH
0-2

Buts : Mandzukic 64e, Pizarro 91e
BAYERN : 58% de possession, 19 tirs, 7 corners
JUVENTUS : 42% de possession, 12 tirs, 3 corners

BAYERN MUNICH :

NEUER
LAHM DANTE VAN BUYTEN ALABA
SCHWEINSTEIGER JAVI MARTINEZ
MÜLLER
RIBERY ROBBEN
MANDZUKIC

Remplacements : BOATENG pour VAN BUYTEN 35e, LUIZ GUSTAVO pour RIBERY 80e, PIZARRO pour MANDZUKIC 83e – entraîneur : HEYNCKES

JUVENTUS TURIN :

BUFFON
BARZAGLI BONUCCI CHIELINI
PADOIN ASAMOAH POGBA
PIRLO
MARCHISIO VUCINIC
QUAGLIARELLA

Remplacements : MATRI pour QUAGLIARELLA 66e, ISLA pour PADOIN 69e, GIACCHERINI pour MARCHISIO 76e – entraîneur : CONTE

Pour ce match retour à Turin, la Juventus est dos au mur et va devoir prendre des risques pour remonter son retard de deux buts concédé au match aller en Bavière. Sacré champion d'Allemagne le week-end précédent, le Bayern Munich a donc l'esprit libéré pour affronter la Juventus Turin. Pour ce match, Jupp Heynckes peut aligner Javi Martinez de retour après avoir purgé sa suspension ce qui est précieux compte tenu de la grave blessure de Toni Kroos. Après sa victoire au match aller, le Bayern Munich possède statistiquement 81% de chances de se qualifier. Le match débute dans un stade tout acquis à la cause de Buffon et de ses coéquipiers. La Juventus impose son rythme en début de match et Vucinic se montre dangereux sur un bon tir cadré que Manuel Neuer capte cependant sans difficulté. Les joueurs turinois essaient de contraindre leurs adversaires à un important défi physique, mais les Bavarois ne se laissent pas impressionner. Les Italiens se créent une deuxième occasion à la 8e minute lorsque Marchisio plein axe tente une frappe sèche qui finit sa course à côté de la cage de Neuer. Peu à peu, le Bayern Munich parvient à prendre la mesure de l'équipe italienne, à contrôler le jeu et à développer ses offensives. A la 9e minute, suite à un débordement de Franck Ribéry, Mario Mandzukic se retrouve en position favorable dans la surface mais son tir est contré in extremis par Bonucci. Le match est assez équilibré, chacune des deux équipes essayant d'imposer son jeu et se rendant coup pour coup, le plus souvent dans le bon sens du terme même si les débats sont virils. A la 16e minute, Arjen Robben se joue des défenseurs turinois, puis glisse le ballon à Thomas Müller dont le tir est contré en bout de course. La Juventus est très gênée par l'excellent pressing des Bavarois et doit se résoudre à abuser de longs ballons qui n'inquiètent pas la charnière Dante- Van Buyten particulièrement attentive. Le Bayern Munich quadrille parfaitement le terrain et réduit au maximum les espaces. A la 22e minute, Arjen

Robben se débarrasse de son garde du corps, repique dans l'axe comme à son habitude et tente une frappe qui s'envole au-dessus de la transversale de Buffon. La chance de la Juventus Turin se présente à la 24e minute sous la forme d'un coup-franc bien placé suite à une faute sur Marchisio. L'artificier Andrea Pirlo est à la manœuvre. Son tir astucieux est une merveille du genre, mais Manuel Neuer au prix d'une magnifique parade boxe le ballon et écarte le danger. Le match est parfois haché et l'arbitre doit s'employer pour garder les têtes froides. Il y a beaucoup d'intensité dans les duels. A la 27e minute, Paul Pogba s'échappe sur la droite et parvient à centrer devant le but allemand, mais aucun attaquant de la Juventus Turin ne peut reprendre le ballon. Peu après la demi-heure de jeu, le Bayern Munich se procure à son tour une belle occasion de but par l'intermédiaire de Thomas Mûller qui frappe au but après un service de Mandzukic, mais le ballon rase le poteau et termine sa course en sortie de but. A la 35e minute, Daniel Van Buyten touché au visage doit se faire remplacer par Jérôme Boateng. La Juventus Turin n'arrive pas à trouver la faille dans la défense bavaroise et le temps file en faveur du Bayern Munich. Le club allemand est même le plus dangereux comme sur cette tête de Boateng à la 39e minute de jeu que Buffon détourne de justesse en corner. Chacune des deux équipes se procure une dernière occasion avant la mi-temps, la Juventus Turin par Quagliarella à la 41e minute sur une frappe écrasée et le Bayern Munich par Ribéry à la 45e minute sur un bon tir cadré. La mi-temps survient sur ce score de parité qui convient parfaitement à Jupp Heynckes et à ses joueurs. Les Bavarois gèrent ce match retour avec une grande intelligence. Bastian Schweinsteiger est le joueur bavarois qui a touché le plus de ballons lors de cette première mi-temps : cinquante et un. Encore quarante-cinq minutes ainsi et le Bayern Munich sera en demi-finales.

Les Italiens se jettent dans la bataille dès le retour des vestiaires et obtiennent un bon coup-franc à l'entrée de la surface allemande. Bien entendu, c'est Pirlo qui se charge de le frapper. Le public retient son souffle, mais le tir du meneur de la Juventus Turin heurte le mur et achève sa course dans les gants de Neuer. A la 49e minute, Quagliarella s'emmène le ballon dans l'axe et place une frappe qui file juste à côté. La Juventus Turin brûle ses cartouches sans parvenir à ouvrir le score. Le Bayern Munich réagit par Müller dans les instants qui suivent mais Barzagli contre sa tentative au dernier moment. A la 57e minute de jeu, Arjen Robben glace le public turinois en décochant une superbe frappe enroulée des vingt mètres dont il a le secret qui ricoche sur le poteau. La Juventus Turin tremble et est prête à vaciller. Et la chute survient à la 64e minute de jeu, sur une belle action collective des joueurs du Bayern Munich. Après un bon coup-franc excentré qui profite à Javi Martinez dont la frappe est repoussée par Buffon, le ballon revient dans les pieds de Mario Mandzukic qui ne laisse aucune chance au gardien italien et propulse le ballon au fond des filets (1-0). Le Bayern Munich fait un grand pas vers la qualification. A ce moment là de la double confrontation entre les deux équipes, les joueurs de la Juventus doivent marquer quatre buts en vingt cinq minutes, sans en encaisser d'autres, pour sortir vainqueur de ce duel. Le Croate du club bavarois signe ici son deuxième but en Ligue des Champions pour cette saison. Les Italiens doivent maintenant se découvrir et prendre d'énormes risques pour revenir dans le match et les joueurs du Bayern Munich en profitent comme Thomas Müller à la 66e minute de jeu dont la frappe passe au-dessus de la cage italienne. La Juventus Turin essaie de passer par les ailes, multiplie les centres, mais c'est sans danger pour Manuel Neuer très serein. A la 73e, Vucinic parvient à pénétrer balle au pied dans la surface allemande, mais il se heurte à une magistrale sortie de

Neuer qui repousse le ballon loin de sa cage. La minute suivante, c'est au tour de Pogba de solliciter Manuel Neuer qui réalise encore un arrêt impeccable sur sa ligne. L'orage italien est de courte durée, et les Bavarois reposent le pied sur le ballon. Müller, puis Schweinsteiger se montrent menaçants mais la défense italienne parvient à repousser les assauts allemands. Face à la qualité du jeu du Bayern Munich et à la sérénité affichées pour tous ses joueurs, la Juventus Turin semble baisser pavillon inexorablement et ne plus du tout croire en son étoile. Les contres bavarois sont tranchants et rapides faisant souffler à chaque fois un vent de panique dans la surface de Buffon. A la 79e, Müller, encore lui, décoche une frappe qui passe de peu à côté. Le Bayern Munich va se qualifier pour sa troisième demi-finale en quatre saisons ce qui démontre la régularité du club au plus haut niveau. La fin du match approche, mais les joueurs de Heynckes ne sont pas rassasiés et font toujours le siège de la cage italienne. A la 87e, Arjen Robben surprend la défense de la Juventus Turin et oblige Buffon à réaliser des prouesses incroyables pour dégager le ballon. A la 89e minute de jeu, les deux mêmes protagonistes se livrent un beau duel et Buffon devance l'attaquant néerlandais. Mais, dans le temps additionnel, le Bayern Munich trouve la récompense de ses efforts et parvient à inscrire un second but par Claudio Pizarro qui trompe Buffon d'une belle frappe croisée consécutive à une excellente ouverture de Bastian Schweinsteiger (2-0). Il s'agit du quatrième but de l'attaquant péruvien du Bayern Munich en Ligue des Champions cette saison. Le club bavarois s'impose finalement sur le même score qu'au match aller au terme d'une rencontre solide parfaitement maîtrisée. Après un match aller remarquable, Bastian Schweinsteiger a réalisé ce soir à nouveau une performance prodigieuse, aussi bien à la récupération qu'à la construction du jeu. A ses côtés, Manuel Neuer, Thomas Müller et Mario Mandzukic ont également particulièrement brillé. La qualité du jeu développé par le Bayern Munich lui permet d'entrevoir les plus grands espoirs pour la suite de la compétition au sein d'un dernier carré très relevé avec les deux géants espagnols, le FC Barcelone et le Real Madrid, et la magnifique équipe de la Ruhr, le Borussia Dortmund.

LES REACTIONS D'APRES MATCH :

Jupp HEYNCKES : « On a pris beaucoup de plaisir dans ce stade magnifique. Au début, on a attendu la Juventus, qui a fait un gros pressing pendant les vingt premières minutes. On a alors perdu beaucoup de ballons. Mais, peu à peu, on a retrouvé le contrôle du jeu et on a concrétisé pendant la seconde période, où nous avons joué notre football. Nous avons été champions d'Allemagne samedi dernier, et ce n'était pas facile de jouer un match aussi important quatre jours plus tard, avec la concentration nécessaire. Je veux féliciter mes joueurs. »

Philipp LAHM : « C'est une victoire méritée, on a fait preuve de caractère sur les deux matches. Malgré la pression du stade, on a bien géré. Maintenant, il reste quatre grosses équipes qui méritent leur place en demi-finales. Je pense que Barcelone est toujours favori. »

JAVI MARTINEZ : « On a fait un très bon match. On a contrôlé, sans jamais paniquer. On s'est beaucoup parlé sur le terrain. Physiquement, on n'a pas eu de problèmes, on a su gérer l'intensité du match. »

Antonio CONTE (entraîneur de la Juventus) : « On a rencontré une équipe très forte, une des plus fortes d'Europe, qui nous a montré qu'on avait encore du chemin à faire pour atteindre le top niveau. »

V

1/2 FINALE

FC BAYERN MUNICH/FC BARCELONE 4-0

FC BARCELONE/FC BAYERN MUNICH 0-3

FC BAYERN MUNICH/ FC BARCELONE 4-0

Mardi 23 avril 2013, Allianz Arena, Munich
Buts : Müller 25e et 82e, Gomez 49e, Robben 73e
BAYERN : 34% de possession, 15 tirs, 11 corners
BARCELONE : 65% de possession, 4 tirs, 4 corners

BAYERN MUNICH :

NEUER 6
LAHM 6 BOATENG 6 DANTE 7 ALABA6
SCHWEINSTEIGER 7 JAVI MARTINEZ 6
MÜLLER 8
RIBERY 7 ROBBEN 8
GOMEZ 6

Remplacements : LUIZ GUSTAVO pour GOMEZ 71e, PIZARRO pour MÜLLER 83e, SHAQIRI pour RIBERY 89e – entraîneur : HEYNCKES

FC BARCELONE :

VALDES 5
DANIEL ALVES4 PIQUE 4 BARTRA 4 JORDI ALBA 4
BUSQUETS 4
XAVI 4 INIESTA 5 PEDRO 5 SANCHEZ 4
MESSI 3

Remplacements : VILLA pour PEDRO 83e -entraîneur : VILLANOVA

Le tirage au sort a désigné le FC Barcelone pour affronter le Bayern Munich en vue d'une place en finale de la Ligue des Champions 2013. Ce choc extraordinaire entre deux géants du football européen est attendu avec impatience par tous les passionnés de football du vieux continent et même au-delà. Deux matches fabuleux en perspective. Vainqueur de la Ligue des Champions en 1992, 2006, 2009 et 2011, le FC Barcelone est un adversaire de très grande envergure, et la tâche du Bayern Munich s'annonce très difficile face à un tel monument, mais les joueurs de Jupp Heynckes sont très motivés et appartiennent aussi à un club de légende au palmarès et à l'histoire particulièrement riches. Au niveau historique, les deux clubs ne se sont rencontrés qu'une seule fois en Ligue des Champions, en phase éliminatoire en 2009. Barcelone l'avait alors emporté 4-0 au Camp Nou et le Bayern Munich avait arraché le match nul (1-1) au retour à l'Allianz Arena. Mais, les deux mastodontes s'étaient aussi affrontés en Coupe de l'UEFA en 1996, au même stade qu'aujourd'hui, en demi-finales, et après un match nul 2-2 à Munich, les Bavarois étaient allés décrocher la qualification pour la finale en terre catalane avec une belle victoire 2-1. Cette année là, le Bayern Munich avait d'ailleurs éliminé tour à tour trois anciens vainqueurs de la Ligue des Champions, à savoir Benfica Lisbonne (5-1 puis 3-1), Nottingham Forest (2-1 puis 5-1) et enfin le FC Barcelone, avant de battre les Girondins de Bordeaux en finale (2-0 puis 3-1). Avant ce duel qui promet beaucoup, le Bayern Munich, déjà sacré champion d'Allemagne, présente des statistiques remarquables sur le plan national avec une seule défaite en trente matches, mais aussi en Ligue des Champions avec de belles victoires sur Valence, Arsenal et surtout la Juventus Turin au tour précédent. Le club bavarois reste sur dix-neuf victoires en vingt matches toutes compétitions confondues. De son côté, le FC Barcelone et sa pléiade de stars (Messi, Iniesta, Xavi,

Mascherano, Piqué, Busquets) est un peu plus fragile cette saison, mais il est néanmoins bien présent aussi bien dans le Championnat d'Espagne que dans cette Ligue des Champions où il vient d'éliminer le Paris SG version Qatari avec Zlatan Ibrahimovic. Pour ce match face aux Catalans, Jupp Heynckes doit se passer de son attaquant Mario Mandzukic suspendu et il a choisi de titulariser Mario Gomez en pointe. Alors que le stade est en fête, l'arbitre hongrois, monsieur Kassai, donne enfin le coup d'envoi de la rencontre. Barcelone propose son jeu habituel fait de passes courtes et redoublées alors que le Bayern Munich propose un jeu plus vertical et percutant. Dès la 3e minute de jeu, Arjen Robben se montre dangereux suite à une talonnade judicieuse de Javi Martinez dans la surface catalane. Le tir du néerlandais est finalement repoussé par Valdès sur sa ligne. Le Bayern Munich obtient son premier corner à la 5e minute consécutivement à une bonne montée de David Alaba dans son couloir gauche. Franck Ribéry frappe le coup de pied de coin, les grands gabarits comme Dante et Boateng sont aux aguets mais c'est finalement Piqué qui dégage le ballon de la tête. Les joueurs bavarois surveillent de près Lionel Messi qui redescend assez bas pour trouver des ballons. Le meneur barcelonais est souvent pris en tenaille par le duo Schweinsteiger et Javi Martinez. D'autre part, l'explosivité du Bayern Munich rend la défense de Barcelone assez nerveuse. A la 8e minute, Pedro obtient à son tour un corner, mais la tête de Piqué à la réception du centre n'est pas cadrée. Le début de match est très alerte et les deux équipes essaient d'imposer leur jeu. A la 16e minute, Philipp Lahm parvient à se démarquer côté droit, prend l'espace devant lui et des vingt-cinq mètres décoche un tir puissant que Piqué dégage en corner. Le corner est tout d'abord repoussé par les Barcelonais, mais le ballon revient dans les pieds de Thomas Müller qui place une reprise soudaine qui oblige Valdès à se coucher pour capter le cuir. Müller, très en verve ce soir, se fait aussi remarquer par l'excellence de son travail défensif comme sur cette action à la 18e minute où il bloque parfaitement la montée rapide de Jordi Alba. Le rythme ne faiblit pas dans ce match et le ballon circule vite d'un but à l'autre. Le Bayern Munich obtient deux corners (18e et 22e), mais la défense catalane fait bonne garde. Peu à peu, les Bavarois prennent la mesure du FC Barcelone et se procurent des occasions sans être mis en danger de leur côté. A la 24e minute, Mario Gomez bénéficie d'un nouveau corner. Dans un premier temps Bartra se dégage en déviant le ballon à nouveau en corner. Sur la seconde tentative, Arjen Robben récupère le ballon, centre à destination de Dante qui remise habilement pour Thomas Müller qui, à bout portant, propulse de la tête le ballon au fond des filets (1-0). Il s'agit du sixième but de Müller en Ligue des Champions cette saison. Ce but récompense le très bon début de match des joueurs de Heynckes. Les Barcelonais ont du mal à s'en remettre et la minute suivante Thomas Müller initie un contre rapide, trouve d'une passe parfaite Arjen Robben mais celui-ci est devancé par Piqué. Il faut attendre la 30e minute de jeu pour assister à la réaction de Barcelone sur un centre de Pedro à destination de Lionel Messi, mais le ballon d'or argentin est finalement devancé in extremis par Dante. Le jeu défensif du Bayern Munich orchestré par Bastian Schweinsteiger est un modèle d'efficacité. A la 33e minute, un corner de Franck Ribéry sème le trouble dans l'Allianz Arena car le ballon est touché de la main par Alexis Sanchez dans la surface, mais l'arbitre, peut-être masqué, ne siffle pas le penalty. Malgré les efforts d'Iniesta, les Catalans ne parviennent pas à se défaire de la paire Javi Martinez-Schweinsteiger qui effectue un travail remarquable, de même que les centraux Dante et Boateng. Le Bayern Munich obtient son huitième corner à la 37e minute ce qui démontre son emprise sur le match. Les attaquants bavarois, à l'image de Mario

Gomez, sont aussi les premiers défenseurs et ce travail gêne beaucoup la relance barcelonaise. La première mi-temps s'achève sur un corner en faveur de Barcelone, mais le tir de Xavi est repoussé par Gomez bien replié. L'avantage d'un but en faveur du Bayern Munich au tableau d'affichage est tout à fait mérité, tant la prestation bavaroise est remarquable à tous les niveaux. Mais rien n'est encore joué face à une équipe de Barcelone talentueuse conduite par Messi. Du côté des chiffres, Barcelone a 65% de possession de balle, 342 passes contre 177, mais aucun tir cadré. Le plan de jeu imaginé par Jupp Heynckes pour ce match semble le bon.

La seconde mi-temps repart selon le même schéma que la première. Barcelone contrôle davantage le ballon mais le Bayern Munich, qui ne ferme pas le jeu, se montre plus dangereux. A la 49e minute de jeu, les Bavarois obtiennent leur premier corner du deuxième acte. Le centre d'Arjen Robben trouve Thomas Müller au deuxième poteau qui dévie intelligemment le ballon pour Mario Gomez. L'attaquant munichois, idéalement placé, double la mise pour le Bayern Munich (2-0). Quelle entame de deuxième mi-temps ! Il s'agit du deuxième but de Mario Gomez en Ligue des Champions cette saison. Le buteur allemand, longtemps blessé, signe de la meilleure façon son grand retour. La saison précédente, Gomez avait terminé deuxième meilleur buteur de la compétition avec douze buts à son compteur, juste derrière Lionel Messi. Le Bayern Munich a fait le trou, mais il ne veut pas se contenter de gérer son avantage et se lance encore à l'attaque. Ainsi, à la 52e minute, Thomas Müller se faufile dans la surface barcelonaise et place un tir croisé que Valdès accompagne du regard en sortie de but. Barcelone est étouffé par les Allemands qui se procurent une nouvelle occasion à la 55e minute par Robben qui se joue de la défense et lance Ribéry. Le Français dribble Daniel

Alves et décoche un tir puissant qui passe de peu à côté. A la 57e minute de jeu, Daniel Alves ne parvient pas à contenir Thomas Müller et commet une très vilaine faute sur l'attaquant bavarois. Bastian Schweinsteiger frappe magistralement le coup-franc que Robben smashe de la tête, mais la reprise du néerlandais n'est pas cadrée. A l'heure de jeu, Barcelone parvient à s'approcher un peu de la cage de Manuel Neuer et successivement Daniel Alves (62e), Jordi Alba (63e) puis Alexis Sanchez (64e) obligent les défenseurs allemands à s'employer pour écarter toute menace. Mais les actions barcelonaises manquent de tranchant et de rapidité et se heurte au magnifique pressing défensif du Bayern Munich dont tous les joueurs, sans exception, se livrent sans compter. A la 70e minute, le défenseur Bartra signe le premier tir cadré en faveur des Catalans mais Manuel Neuer capte le ballon sans aucune difficulté. A l'approche du dernier quart d'heure de jeu, Jupp Heynckes effectue un changement tactique en sortant sa pointe Mario Gomez, très bon et très solidaire, et en faisant enter Luiz Gustavo afin de densifier son milieu de terrain. A la 72e minute, Sanchez parvient à déborder et à adresser un bon centre à destination de Piqué, mais Neuer s'interpose et boxe le ballon. Sur la contre-attaque, Franck Ribéry décale parfaitement Bastian Schweinsteiger qui en un coup d'œil aperçoit Arjen Robben lancé à sa droite. L'attaquant se joue du marquage de Jordi Alba et place un tir magnifique sur lequel Valdès ne peut rien (3-0). Quelle action somptueuse ! Il s'agit du deuxième but de Robben cette saison en Ligue des Champions. Les Bavarois exultent et les Barcelonais baissent la tête. La victoire du Bayern Munich prend de larges proportions et les chances de qualification pour la finale montent en flèche. Vexés, les joueurs catalans réagissent à la 76e minute sur un coup-franc bien tiré par Xavi dans le dos de la défense, mais Bartra pourtant bien placé ne cadre pas son tir. La panique gagne à nouveau la défense barcelonaise à la 80e minute lorsque Thomas Müller, étincelant, dribble son adversaire direct et ajuste une belle frappe du bout du pied que Valdès repousse, mais Robben récupère le ballon et frappe à son tour. Le ballon est finalement contré par Piqué qui sauve Barcelone du naufrage. Mais, ce n'est que partie remise. En effet, à la 82e minute de jeu, Franck Ribéry initie une belle action, décale David Alaba sur la droite dont le centre puissant trouve Thomas Müller à la réception qui se jette pour inscrire le quatrième but bavarois de la soirée (4-0). Les Barcelonais sont anéantis. La fin du match est équilibrée, cependant le Bayern Munich se procure une ultime occasion par Robben à la dernière minute mais le tir enroulé de l'attaquant est contré par Bartra en corner. L'arbitre met un terme à la rencontre sur cette action. Quelle victoire éblouissante du Bayern Munich, supérieur dans les secteurs du jeu. L'Allianz Arena gronde sa joie. La finale est proche. 100% des équipes qui ont gagné 4-0 à l'aller se sont qualifiées au retour dans l'histoire des coupes d'Europe. Barcelone n'avait plus perdu sur un tel score depuis le 5 novembre 1997 face au Dinamo Kiev en phase de groupes de la Ligue des Champions. Quelle sensation ! Le lendemain du match, le journal *L'Équipe* titre en gros caractères à sa une « SOMPTUEUX » avec une photo de Thomas Müller rageur en illustration. Aucune des stars barcelonaises n'est parvenue à tirer son épingle du jeu en raison de la qualité de la prestation des joueurs du Bayern Munich, de leur talent, de leur abnégation. Encore un match à jouer face à un Barcelone blessé et revanchard et la finale de Wembley sera là.

LES REACTIONS D'APRES MATCH :

Manuel NEUER : « Cette année, si nous sommes aussi performants, c'est parce que nous avons énormément de qualités et un effectif très riche. Dans le vestiaire, c'est la parfaite harmonie, mais il faut rester prudent, nous ne sommes pas encore en finale. Au Camp Nou, ça peut être chaud. Pour être franc, j'aurais pensé avoir plus de travail a effectuer ce soir mais j'ai atteint mon objectif : ne pas prendre de but. »

Jupp HEYNCKES : « Notre victoire est amplement méritée. Malgré une entame difficile, nous avons su monter en puissance et le premier but nous a délivrés. Ensuite, nous avons très bien fait circuler le ballon et nous avons su faire la différence sur le plan physique. Je suis simplement énervé que nous ayons récolté autant de cartons jaunes. En vue du match retour, je suis bien évidemment très confiant, mais restons humbles. »

Lionel MESSI : « Ils ont été meilleurs que nous. Dans tous les domaines, ils nous ont été supérieurs. »

Gerard PIQUE : « Il n'y a pas beaucoup d'explications. Ils sont plus rapides, plus forts et jouent un meilleur football. Ils nous ont donné une leçon. Ils ont été supérieurs et il faut les en féliciter. »

FC BARCELONE/ FC BAYERN MUNICH 0-3

Mercredi 1er mai 2013, Camp Nou, Barcelone
Buts : Robben 48e, Piqué csc 72e, Müller 76e
BAYERN : 40% de possession, 8 tirs, 0 corner
BARCELONE : 60% de possession, 15 tirs, 4 corners

BAYERN MUNICH :

NEUER 6
LAHM 7 VAN BUYTEN 6 BOATENG 6 ALABA 7
SCHWEINSTEIGER 8 JAVI MARTINEZ 6
MÜLLER 6
RIBERY 6 ROBBEN 7
MANDZUKIC 5

Remplacements : LUIZ GUSTAVO pour SCHWEINSTEIGER 67e, TYMOSHCHUK pour JAVI MARTINEZ 74e, RAFINHA pour LAHM 77e – entraîneur : HEYNCKES

FC BARCELONE :

VALDES 4
DANIEL ALVES 5 BARTRA 6 PIQUE 6 ADRIANO 5
SONG 4 XAVI 5
INIESTA 4
VILLA 3 PEDRO 3
FABREGAS 3

Remplacements : SANCHEZ pour XAVI 56e, THIAGO ALCANTARA pour INIESTA 65e, MONTOYA pour BARTRA 87e – entr. VILLANOVA

La fièvre des grands soirs est là à l'occasion de ce match retour. Les joueurs du FC Barcelone veulent effacer la déroute du match aller. Le club catalan reste sur une série de vingt et un matches sans défaite à domicile en Ligue des Champions, soit depuis octobre 2009 et un échec face au Rubin Kazan (1-2). Du côté barcelonais, le titre de champion d'Espagne se rapproche ce qui permet à l'équipe de croire toujours en sa valeur. Ce soir, Lionel Messi, blessé, n'est pas sur le terrain, de même que Puyol, Mascherano et Busquets. Pour sa part, Jordi Alba est suspendu. En ce qui concerne le Bayern Munich, il faut noter l'absence de Dante qui est malade, ainsi que celles de Kroos et Badstuber blessés de longue date. Le capitaine Philipp Lahm, de même que Bastian Schweinsteiger et Javi Martinez risquent une suspension pour la finale en cas de carton jaune ce soir. Un handicap à ne pas négliger. L'écart creusé au match aller semble très confortable, car, seules trois équipes ont réalisé une telle remontée (en coupe de l'UEFA) mais en ayant marqué un but au match aller (5-1 au lieu de 4-0) : Leixoes, le Partizan Belgrade et le Real Madrid (face au Borussia Mönchengladbach de Jupp Heynckes en 1986). Cependant, le Bayern Munich arrive à Barcelone en grande confiance et avec des statistiques exceptionnelles en Bundesliga avec, juste avant la rencontre, déjà quatre-vingt dix buts marqués, seulement quatorze buts encaissés, le meilleur total de points sur une saison (84), vingt matches sans prendre le moindre but. De même, le club bavarois reste sur dix victoires consécutives toutes compétitions confondues. L'arbitre slovène monsieur Skomina donne le coup d'envoi de cette alléchante revanche dans une chaude ambiance. Les joueurs de Jupp Heynckes exercent dès le début un formidable pressing sur le porteur du ballon, et le bloc munichois se positionne assez haut sur le terrain. Les barcelonais essaient de mettre en place leur jeu court, mais n'y parviennent que sporadiquement. Le premier centre est l'œuvre de Daniel Alves mais Manuel Neuer capte parfaitement le ballon. Suite à une action de David Villa qui échoue, Philipp Lahm lance une contre-attaque éclair, mais il voit son tir contré par Gérard Piqué bien placé. A la 10e minute de jeu, Barcelone obtient un bon coup-franc suite à une main d'Arjen Robben. Xavi est à la manœuvre, mais la tête de Bartra à la réception de son centre n'est pas cadrée. Le Bayern Munich maîtrise bien le début de match, et à la 13e minute, Bastian Schweinsteiger offre une passe au millimètre pour Robben mais au prix d'un tacle désespéré Piqué écarte le danger pour les Catalans. Les joueurs barcelonais ne parviennent pas à empêcher les Allemands de se projeter rapidement vers l'avant à la récupération du ballon et tous les contres munichois font passer des frissons chez les supporters locaux. A la 19e minute, c'est encore le Bayern Munich qui est à l'attaque. Arjen Robben lance Schweinsteiger dont l'astucieuse talonnade trouve Lahm dans la surface mais Piqué, encore lui, s'interpose au dernier moment. Le parfait quadrillage du terrain par les Bavarois ralentit le jeu de Barcelone qui ne s'approche guère de la cage de Neuer. Mais, peu à peu, les Catalans semblent parvenir à desserrer l'étreinte et coup sur coup, ils se procurent enfin trois occasions toutes parfaitement captées par un Manuel Neuer des grands soirs : frappe des trente mètres de Pedro à la 24e, centre délicat du même Pedro suite à une ouverture de Fabregas à la 30e, et reprise à bout portant du même Fabregas sur un centre de Xavi la minute suivante. La sérénité de Neuer est désespérante pour les attaquants catalans. Le Bayern Munich réagit rapidement à cette bonne période barcelonaise. Ainsi, à la 36e minute, Arjen Robben frappe des vingt-cinq mètres après un bon travail de Franck Ribéry, mais son tir puissant est détourné par Song. La dernière occasion de cette première mi-temps est à l'avantage de Barcelone sur un bon tir d'Adriano qui des vingt mètres sollicite Neuer à la 41e minute. La pause survient sur ce score nul et vierge qui fait largement les affaires du Bayern Munich. En effet, on voit mal comment les Catalans pourraient inscrire les cinq buts dans les quarante-cinq dernières minutes — sans en encaisser un seul — absolument nécessaires à leur qualification surtout à la vue de la physionomie de la partie. Le Bayern Munich gère parfaitement son match au niveau défensif et se montre très incisif sur les contres.

Comme lors du match aller, la seconde période s'ouvre sur le même schéma que la première. Bastian Schweinsteiger, auteur d'une remarquable première mi-temps, est reparti sur le même rythme et conduit magistralement le jeu bavarois. Le sort du match se joue à la 48e minute de jeu, sur une fabuleuse transversale de David Alaba qui trouve Arjen Robben. L'attaquant néerlandais se débarrasse d'Adriano et place un bijou de frappe enroulée sur laquelle Valdès ne peut intervenir (1-0). Il s'agit du troisième but d'Arjen Robben en Ligue des Champions cette saison. Barcelone doit désormais inscrire six buts pour se qualifier... Le Bayern Munich est d'ores et déjà en finale pour la deuxième année consécutive ! Une minute après l'ouverture du score, les joueurs de Jupp Heynckes, sont encore à l'attaque et Robben inquiète Valdès sur un coup-franc côté droit consécutif à une faute de Song sur Schweinsteiger. Les Bavarois ne ferment toujours pas le jeu et semblent décider à ne pas en rester là. A la 52e minute, David Villa, coup sur coup, place deux bonnes frappes, mais la première est contrée par Javi Martinez et la seconde n'est pas cadrée. Les Barcelonais sont étouffés et leur jeu est stérile. A la 55e minute, Robben, très en verve, se trouve à la conclusion d'une belle action collective initiée par Müller qui décale Ribéry dont le centre instantané finit sa course dans les pieds du Néerlandais dont le tir passe de peu à côté. Le Bayern Munich pousse encore et toujours et à la 58e minute, c'est au tour de Schweinsteiger d'hériter d'une passe parfaite de Müller, mais l'action n'aboutit pas. Le milieu de terrain de Barcelone est complètement sous la domination de celui du Bayern Munich. Malgré une légère meilleure possession, les Barcelonais ne parviennent pas à créer des brèches dans la défense allemande alors que chaque action bavaroise sème la panique dans la défense des Catalans. L'enthousiasme du public ne suffit pas à contrecarrer la qualité du jeu développé par Lahm et ses coéquipiers. Les Catalans en sont réduits à des tentatives individuelles un peu vouées à l'échec, comme ce tir lointain de Pedro à la 72e minute facilement bloqué par Neuer. Sur le contre, Luiz Gustavo, entré à la place de Schweinsteiger (pour cause de menace de suspension en cas de carton jaune) lance Franck Ribéry dans la surface barcelonaise. Le centre puissant du Français à destination de Mario Mandzukic est détourné par Piqué à l'intérieur de sa propre cage (2-0). Le Bayern Munich s'envole ! Et quatre minutes plus tard, il parachève son éblouissant succès suite à un débordement de Franck Ribéry, qui prend l'avantage sur Song, et dont le centre au deuxième poteau trouve Thomas Müller qui de la tête prend le dessus sur Adriano et Bartra et propulse le ballon au fond des filets de Valdès impuissant (3-0). Il s'agit du huitième but en Ligue des Champions pour Thomas Müller cette saison. Désormais, les Allemands reculent un peu et se contentent de contrôler la fin du match, sans toutefois jamais tomber dans la facilité. Barcelone complètement déboussolé tente cependant de réduire le score devant son public et Bartra place une belle tête sur un corner de Fabregas, mais le ballon file assez nettement au-dessus de la transversale de Manuel Neuer. A la 86e minute,Villa parvient à se mettre en position de tir, mais Neuer très vigilant s'interpose avec brio. Finalement, la dernière action dangereuse de la rencontre est à mettre au crédit du Bayern Munich, sur un bon dédoublement entre Robben et Rafinha (entré en jeu à la 77e) qui se termine par un tir du Brésilien du Bayern Munich. Mais la frappe puissante n'est pas cadrée et Valdès respire de voir ce boulet de canon filer à côté de son poteau. Le match s'achève quelques secondes plus tard sur cette retentissante victoire du Bayern Munich. Vainqueur 7-0 du grand FC Barcelone sur l'ensemble des deux matches, la qualification du club bavarois pour la finale ne souffre d'aucune contestation. Pendant 180 minutes, ils se sont montrés supérieurs à leurs glorieux adversaires dans tous les domaines du jeu. Il s'agit là d'une démonstration historique. Le samedi 25 mai 2013, sur la pelouse de Wembley, l'explication finale face au Borussia Dortmund, brillant tombeur du Real Madrid, s'annonce passionnante et spectaculaire !

LES REACTIONS D'APRES MATCH :

Jupp HEYNCKES : « Quand on a su, lors du tirage au sort, qu'on allait affronter le Barça, je n'aurais jamais imaginé qu'on allait gagner le match aller 4-0 et le second au Camp Nou 3-0... Parce que, pour moi, le Barça n'est pas seulement un club extraordinaire, mais aussi une équipe fantastique. Mon admiration pour ses joueurs est immense. Mais le Bayern Munich est un adversaire très fort avec lequel n'importe quelle équipe a des problèmes. On a disputé un match de très haut niveau et je dois féliciter mes joueurs. Cette année, l'équipe joue un très bon football, il y a une très bonne ambiance dans le vestiaire et beaucoup de cohésion dans l'équipe. J'étais très déçu après la finale de la Ligue des Champions, la saison dernière, mais, dès le jour d'après, nous avons commencé à préparer la saison suivante. Ce n'est pas un secret, je suis quelqu'un qui a tout vécu dans le foot, comme joueur et entraîneur et, dès la reprise de l'entraînement, j'ai vu que nous serions prêts. Dans ma carrière, je ne me suis jamais résigné. J'ai toujours su trouver plus de motivation après une défaite qu'après une victoire et j'ai peut-être transmis cela à mes joueurs. »

Arjen ROBBEN : « C'est historique ! 4-0 à domicile puis 3-0 ici. Nous devons être fiers de cela et nous réjouir. Maintenant, nous devons remporter la finale. Nous avons tellement de talent dans notre équipe que nous pouvons gagner des matches comme ça de la même manière. »

JAVI MARTINEZ : « Nous savions exactement comment jouer contre le Barça, aussi bien au premier match qu'au deuxième. Quand je suis arrivé au Bayern Munich, un de mes objectifs était de gagner des trophées. On en a gagné un [la Bundesliga], et nous avons maintenant deux finales à jouer [Ligue des Champions et Coupe d'Allemagne]. »

XAVI : « L'équipe a essayé, surmonter un 4-0 était pratiquement impossible, et avec le but de Robben au début de la deuxième mi-temps ça l'est devenu en pratique. Le Bayern Munich a été supérieur. Ils maîtrisent tous les aspects du football, techniquement ils sont très bons, physiquement très forts et mentalement supérieurs. »

VI

LA FINALE

FC BAYERN MUNICH/BORUSSIA DORTMUND 2-1

FC BAYERN MUNICH/ BORUSSIA DORTMUND
2-1

Samedi 25 mai 2013, Wembley, Londres
Buts : Mandzukic 60e, Gundogan 68e sp, Robben 89e
BAYERN : 61% de possession, 17 tirs, 8 corners
BORUSSIA : 39% de possession, 12 tirs, 6 corners

BAYERN MUNICH :

NEUER 9
LAHM 7 DANTE 5 BOATENG 7 ALABA 6
SCHWEINSTEIGER 8 JAVI MARTINEZ 7
MÜLLER 6
RIBERY 6 ROBBEN 8
MANDZUKIC 7

Remplacements : LUIZ GUSTAVO pour RIBERY 90e, GOMEZ pour MANDZUKIC 93e – entraîneur : HEYNCKES

BORUSSIA DORTMUND :

WEIDENFELLER 8
PISZCEK 5 SUBOTIC 6 HUMMELS 7 SCHMELZER 5
BENDER 6 GUNDOGAN 7 BLASZCZYKOWSKI 5
GROSSKREUTZ 5 REUS 6
LEWANDOWSKI 6

Remplacements :SCHIEBER pour BLASZCZYKOWSKI 91e, SAHIN pour BENDER 92e – entraîneur : KLOPP

Pour la première fois dans l'histoire, le somptueux stade de Wembley à Londres accueille une finale de Ligue des Champions 100% allemande avec cette opposition entre le Bayern Munich et le Borussia Dortmund. Par le passé, la Coupe de l'UEFA avait déjà vu une finale 100% allemande en 1980 entre l'Eintracht Francfort et le Borussia Mönchengladbach (1-0/2-3). Le Bayern Munich et le Borussia Dortmund se présentent ce soir avec beaucoup d'ambitions au terme d'une saison remarquable pour les deux équipes, notamment pour les Bavarois sacré champion d'Allemagne avec vingt-cinq points d'avance sur son dauphin le Borussia Dortmund, et toujours en course pour un incroyable triplé avec une finale de Coupe d'Allemagne à venir face au VfB Stuttgart à Berlin. Du côté des statistiques, avec vingt-neuf buts marqués le Bayern Munich est la meilleure attaque de la Ligue des Champions. Au niveau historique, les deux seules oppositions entre les deux formations au niveau européen remontent à 1998 lorsqu'en quart de finale de Ligue des Champions, le Borussia Dortmund, alors tenant du trophée après sa brillante victoire en finale l'année précédente face à la Juventus Turin de Zidane (3-1), battit le Bayern Munich (0-0/1-0 ap) au terme de deux matches serrés et crispants. En Bundesliga, les Bavarois n'ont plus battu Dortmund depuis début 2010. La dernière victoire du Borussia Dortmund en finale de la Coupe d'Allemagne en 2012 face au Bayern Munich (5-2) a aussi marqué les esprits. Quelques jours avant cette finale de Ligue des Champions à Wembley, les deux clubs se sont affrontés en Bundesliga à Dortmund et se sont séparés sur le score de 1-1 à la suite d'une partie intense avec deux équipes un peu mixtes (titulaires-remplaçants). Mario Gomez répondant de la tête à une volée de Kevin Grosskreutz. Du côté des compositions d'équipes guère de surprise ce soir. Pour Dortmund, le seul absent est Mario Götze, la pépite du club, blessé lors du match retour contre le Real Madrid.

Cette absence est une perte considérable pour l'attaque de la jeune équipe dirigée par Jürgen Klopp. Pour le Bayern Munich, Jupp Heynckes doit toujours faire sans Toni Kroos et Holger Badstuber, blessés. Le Bayern Munich est le favori de cette finale, mais le Borussia Dortmund a toutes les qualités requises afin de s'imposer. Le spectre de la défaite l'an dernier face à Chelsea peut aussi perturber la belle équipe bavaroise. Les deux formations font leur entrée sur le terrain, chacune conduite par un grand joueur du passé vainqueur de la Ligue des Champions : Paul Breitner pour le Bayern Munich et Lars Ricken pour le Borussia Dortmund. L'arbitre de cette finale est l'italien Rizzoli, un habitué des grands rendez-vous. L'ambiance est phénoménale dans ce stade de Wembley pour l'apothéose de la saison européenne. Les supporters bavarois occupent tout un virage du stade et ceux de Dortmund occupent celui d'en face. Dès la 3e minute de jeu, le Borussia Dortmund se porte à l'attaque et le bon tir de son avant-centre polonais Robert Lewandowski est contré et sort en corner. Le centre qui suit est dégagé par Philipp Lahm bien placé au premier poteau. Le match est parti à vive allure et il n'y a pas de round d'observation. Les duels sont vifs et le pressing est intense de chaque côté. Aucune des deux équipes ne ferment le jeu. A la 6e minute, Marcel Schmelzer, le latéral gauche de Dortmund, s'échappe sur son aile et parvient à centrer. Jérôme Boateng très attentif écarte le danger. Le Borussia Dortmund est mieux entré dans cette finale et joue sans aucun complexe alors que les joueurs de Jupp Heynckes ne produisent pas pour l'instant le football flamboyant qu'ils ont développé face à la Juventus Turin et le FC Barcelone. Une retenue imputable sans aucun doute à la peur de revivre le cauchemar de la saison précédente face à Chelsea et cette défaite injuste concédée au bout de la nuit. A la 11e minute, le Borussia Dortmund se montre à nouveau menaçant par Blaszczykowski qui de la droite de la surface tente sa chance, mais son tir passe nettement au-dessus de la transversale de Manuel Neuer. Trois minutes plus tard, suite à un excellent travail du brillant Marco Reus, Robert Lewandowski déclenche un tir puissant des vingt-cinq mètres qui oblige Neuer à réaliser une extraordinaire parade. La minute suivante, c'est au tour de Blaszczykowski, toujours servi par Reus, d'inquiéter Neuer qui à nouveau s'interpose magistralement pour repousser le ballon. Le premier quart d'heure est incontestablement à l'avantage d'un Dortmund étincelant. Mais le Bayern Munich réagit à la 16e minute et place sa première attaque tranchante. Philipp Lahm déborde dans son couloir droit, sert parfaitement Javi Martinez qui de la tête frappe au but mais Roman Weidenfeller, l'expérimenté gardien du Borussia, se saisit du ballon sans trembler. Il n'y a aucun temps mort dans cette finale de très grande qualité entre deux équipes bourrées de talents. A la 20e minute de jeu, Kevin Grosskreutz récupère le ballon et lance, d'une passe parfaitement ajustée, Marco Reus en profondeur. L'attaquant de la Ruhr décoche un tir puissant du pied gauche que Manuel Neuer détourne au prix d'un arrêt de classe mondiale. Deux minutes plus tard, c'est le milieu Sven Bender qui se trouve à la réception d'une passe en retrait intelligente de Grosskreutz et qui d'un tir instantané contraint Neuer à sortir encore le grand jeu. Le gardien du Bayern Munich réalise des prouesses et maintient son équipe à flot. Dortmund produit un football extraordinaire, équivalent à celui produit contre le Real Madrid lors de la demi-finale aller (4-1). Pour le Bayern Munich, mis à part un Manuel Neuer magistral, seuls Philipp Lahm incisif et Bastian Schweinsteiger très intelligent, qui descend pour relancer proprement et sécuriser son équipe, se montrent sous leur meilleur jour. Le Bayern Munich reprend cependant peu à peu ses esprits et Thomas Müller à la 23e minute de jeu, puis Mario Mandzukic à la 27e minute, sèment le trouble dans la défense du Borussia Dortmund. Une minute plus tard, suite à un corner, Javi Martinez s'élève au-dessus de tout le monde et envoie une tête puissante juste au-dessus de la transversale de Weidenfeller. Le match s'équilibre un peu. Le jeu court rapidement d'un but à l'autre, et cette finale est très plaisante à suivre. A la 31e minute, Thomas Müller se débarrasse d'un défenseur et trouve Arjen Robben d'une superbe ouverture. L'attaquant Néerlandais se présente balle au pied face à Weidenfeller mais son tir est détourné de fort belle manière par le gardien allemand. Les deux gardiens produisent une partie de très haut niveau. A la 36e minute, Robert Lewandowski efface Dante d'un incroyable contrôle orienté et s'avance face à Neuer. L'attaquant arme alors un tir très puissant à bout portant que Manuel Neuer contre au prix d'une sortie lumineuse de précision. Sans Neuer, le Borussia Dortmund serait incontestablement en tête au tableau d'affichage. Mais le Bayern Munich se montre aussi dangereux comme sur cette tête de Müller qui passe de peu à côté sur un corner obtenu par les Bavarois. Le rythme endiablé de ce match ne faiblit pas et les acteurs évoluent dans un bon esprit malgré l'enjeu et des duels engagés. Bastian Schweinsteiger à la 39e, puis Thomas Müller à la 40e et Marco Reus à la 42e enflamment les débats mais ne parviennent pas à trouver l'ouverture. La plus belle action en faveur du Bayern Munich lors de cette première mi-temps se produit à la 43e minute, lorsque Arjen Robben démarqué reçoit un bon ballon et se présente face à Weidenfeller. Mais le tir de l'attaquant bavarois est repoussé du visage par le gardien de Dortmund. Action incroyable ! L'arbitre siffle finalement la pause sur ce score de parité. Cette première période enlevée est à la hauteur des espérances de tous les passionnés de football. Le Bayern Munich est bien revenu à partir de la moitié de la mi-temps, mais quelle entame de la part des joueurs de Jürgen Klopp. Nul doute que dans les vestiaires, Jupp

Heynckes va demander à ses joueurs d'oublier leur nervosité et d'imposer leurs qualités. Le suspens reste entier.

Aucun changement à la mi-temps, ni du côté bavarois, ni du côté du Borussia Dortmund. L'arbitre donne le coup d'envoi du deuxième acte que chacun espère aussi palpitant et spectaculaire que le premier. Le schéma tactique ne bouge pas et les deux entraîneurs entendent poursuivre dans la même voie. Du côté de Dortmund, il faut souligner le match remarquable de Marco Reus, très mobile et très présent, véritable poison pour les défenseurs bavarois. Le bloc du Bayern Munich arrive à jouer plus haut et à mieux couper les contres rapides et à réduire les espaces pour Lewandowski, ce qu'il n'est pas trop parvenu à faire tout au long de la première demi-heure. A la 55e minute de jeu, Franck Ribéry place une accélération mais le défenseur polonais de Dortmund, Piszczek parvient à lui couper la route. Mais Ribéry persiste sur le côté gauche et la minute suivante c'est Mats Hummels, toujours bien placé et vigilant, qui annihile l'action du Français à la limite de la surface. Peu avant l'heure de jeu, les joueurs de Heynckes obtiennent un corner consécutif à un centre contré de Thomas Müller. Javi Martinez dévie la course du ballon vers Mario Mandzukic, mais l'attaquant croate du Bayern Munich manque un peu sa tête et Roman Weidenfeller peut se saisir tranquillement du ballon. Le premier coup de tonnerre du match survient pile à l'heure de jeu, lorsque Franck Ribéry lance parfaitement Arjen Robben en profondeur à gauche de la surface du Borussia Dortmund. Weidenfeller essaie d'anticiper le centre de l'attaquant, mais il n'y parvient pas et Mario Mandzukic à l’affût propulse de la tête le ballon au fond des filets (1-0). Il s'agit du troisième but de Mandzukic en Ligue des Champions cette saison. Les joueurs, le staff et les supporters bavarois explosent de joie. Comme l'année précédente, face aux londoniens de Chelsea, le Bayern Munich ouvre le score. Deux minutes plus tard, suite à une magnifique transversale de David Alaba, Mario Mandzukic se retrouve à nouveau en position favorable mais il écrase sa reprise à droite de la surface. Le Bayern Munich va beaucoup mieux et joue maintenant complètement libéré, comme dégagé de l'énorme poids qui pesait sur ses épaules. L'équipe bavaroise donne à présent une impression de puissance incroyable. Le Borussia Dortmund puise un peu dans ses ressources mais il fait encore bonne figure comme en atteste ce beau tir lointain de Kevin Grosskreutz à la 63e minute qui est dévié en corner. A la 66e minute, Ribéry affole l'arrière-garde de Dortmund mais son centre est finalement bien repoussé. Sur la contre-attaque, c'est Piszczek qui se montre menaçant à l'entrée de la surface bavaroise mais son tir manque la cible. Sept minutes après l'ouverture du score du Bayern Munich, un second coup de tonnerre secoue le stade de Wembley. Marco Reus, insaisissable, est lancé dans la surface et se retrouve stoppé net pour un coup de pied dans le ventre de la part de Dante. Le coup est bien plus maladroit que méchant, mais il débouche sur un penalty indiscutable en faveur des joueurs de la Ruhr. Ilkay Gündogan se charge de le tirer et il prend Manuel Neuer à contre-pied (1-1). Il s'agit du premier but en Ligue des Champions pour le milieu international allemand du Borussia Dortmund. La finale est complètement relancée. Alors que tous les observateurs pensaient que le Bayern Munich allait prendre un ascendant définitif, les joueurs de Klopp déjouent le pronostic et vendent chèrement leur peau. Pour le Bayern Munich, la crainte de revivre le cauchemar de la saison précédente refait surface. A la 70e minute, un tir puissant de Mats Hummels échoue de peu au-dessus de la transversale de Neuer suite à un contre éclair. Mais, le Bayern Munich trouve les ressources mentales pour repartir de l'avant. Il développe un jeu flamboyant et lance toutes ses forces dans la bataille. A la 73e minute, Thomas Müller évite le tacle de Marcel Schmelzer, évite également ensuite la sortie de Weidenfeller et place un centre puissant devant la cage du Borussia Dortmund. Mais Robben à la lutte avec Subotic est incroyablement devancé par ce dernier qui au prix d'un effort désespéré sauve son camp in extremis. Quelle action ! Le jeu file d'un camp à l'autre sans aucune pause et chaque action peut s'avérer désormais décisive. Les vingt-deux protagonistes entrent dans le dernier quart d'heure et personne n'entend lâcher l'affaire. David Alaba monté à l'attaque expédie une superbe frappe fuyante sur la cage du Borussia Dortmund mais Roman Weidenfeller s'interpose à nouveau et des deux poings dégage le cuir. Le Bayern Munich est mieux physiquement et pousse encore et encore. A la 78e minute, Arjen Robben lance Thomas Müller démarqué et ce dernier, très intelligemment décale Mario Mandzukic qui déclenche une frappe instantanée mais celle-ci n'est pas cadrée. Quelques secondes plus tard, Philipp Lahm place un centre dangereux que Piszczek détourne en corner. Sur celui-ci, Schweinsteiger en embuscade déclenche une puissante reprise qui ne trouve pas le cadre. La tension est à son maximum. Il ne reste plus qu'une poignée de minutes à jouer. La qualité du spectacle est toujours remarquable malgré la fatigue qui gagne les joueurs. A la 88e minute, sur un bijou de centre en retrait signé Philipp Lahm, Thomas Müller laisse habilement filer le ballon pour Bastian Schweinsteiger dont la reprise phénoménale est repoussée magistralement par Weidenfeller. Alors que chacun pense que la rencontre s'achemine inexorablement vers la prolongation, le troisième coup de tonnerre de la soirée secoue les travées de Wembley. Sur une action d'une fluidité et d'une précision remarquable, Arjen Robben, sur une talonnade de Franck Ribéry qui lui donne le ballon dans la course à l'entrée de la surface dans l'axe, perfore la défense du

Borussia Dortmund et glisse le ballon sous Roman Weidenfeller (2-1). Il s'agit du quatrième but de Robben en Ligue des Champions cette saison. Les Bavarois exultent ! Les deux entraîneurs font les derniers changements tactiques à l'entame du temps additionnel : Luiz Gustavo remplace Franck Ribéry, Julian Schieber remplace Blaszczykowski, puis ensuite Mario Gomez remplace Mandzukic. La dernière action du match est en faveur du Borussia Dortmund sur une belle frappe en pivot de Julian Schieber que Manuel Neuer impeccable bloque sur sa ligne. L'arbitre porte alors le sifflet à sa bouche et met un terme à ce match fabuleux. Le Bayern Munich a réussi son incroyable pari né au lendemain de la défaite de la saison précédente. Revenir en finale et gagner ! Le club bavarois remporte sa cinquième Ligue des Champions après celles de 1974, 1975, 1976 et 2001 et après deux finales perdues en 2010 et 2012. Le Borussia Dortmund a livré un match exceptionnel, mais le Bayern Munich était trop solide et trop talentueux pour ne pas gagner cette fois-ci. La joie est immense pour tous les Munichois. Tout au long de ce parcours européen, cette équipe a éclaboussé de sa classe chacun de ses matches. Le club bavarois termine meilleure attaque de la compétition avec trente et un buts marqués, ce qui démontre son esprit offensif. La victoire finale du Bayern Munich est logique et le football ressort gagnant également de cette épopée, tant le jeu du club bavarois a fait honneur à ses meilleures valeurs.

LES REACTIONS D'APRES MATCH :

Jupp HEYNCKES : « Nous ne sommes pas bien entrés dans cette rencontre en début de première période. J'ai dû corriger le tir à la pause. Il y avait de la pression sur les deux équipes. Elle s'est ressentie, ainsi que notre statut de favori, c'est ce que l'on a vu dans les vingt premières minutes . Cette victoire est une immense joie. »

Manuel NEUER : « C'est un sentiment sensationnel. On a beaucoup souffert après la défaite la saison passée. Mais notre saison n'est pas finie. La semaine prochaine, on va à Berlin pour la finale de la Coupe d'Allemagne, pour battre Stuttgart. Un triplé serait fantastique, ce serait trois résultats phénoménaux. »

Thomas MÜLLER : « Ce n'est pas facile de décrire tout ce qu'on a vécu depuis la finale de la saison passée. C'est une belle soirée aussi pour notre entraîneur qui a soixante-huit ans, qui a remporté la Bundesliga et ramené la Ligue des Champions chez lui. »

Arjen ROBBEN : « J'ai fait plusieurs fois le match dans ma tête. Mais quand ça arrive vraiment, avec une passe décisive et un but, on a du mal à le croire. Sur le but, j'ai anticipé le mouvement de Franck Ribéry et j'ai espéré qu'il la mette dans l'espace, ce qu'il a fait. Après toutes ces déceptions, on l'a fait... Pour un joueur, c'est le sommet. Si on a réussi, c'est parce qu'on forme une vraie équipe. On se bat pour les autres, on court pour les autres, notre défense est incroyablement forte et on a des joueurs qui peuvent faire la différence. »

Jürgen KLOPP : « La déception domine, mais je sens la fierté monter en moi. Je suis fier de mes joueurs parce qu'ils ont fait un très, très bon match. Peut-être le meilleur match d'une équipe contre le Bayern Munich en Ligue des Champions. Maintenant, je veux féliciter le Bayern et Jupp Heynckes qui mérite vraiment ce titre. »

VII

LA BUNDESLIGA

« Gagner la Bundesliga avec un entraîneur comme Jupp Heynckes, c'est quelque chose d'unique ! »

Bastian Schweinsteiger

Classement final de la Bundesliga 2012/2013

		PTS	J	G	N	P	BP	BC	DIF
1	**FC Bayern Munich**	91	34	29	4	1	98	18	80
2	**Borussia Dortmund**	66	34	19	9	6	81	42	39
3	**Bayer Leverkusen**	65	34	19	8	7	65	39	26
4	**FC Schalke 04**	55	34	16	7	11	58	50	8
5	**SC Fribourg**	51	34	14	9	11	45	40	5
6	**Eintracht Francfort**	51	34	14	9	11	49	46	3
7	**Hambourg SV**	48	34	14	6	14	42	53	-11
8	**Borussia M'gladbach**	47	34	12	11	11	45	49	-4
9	**Hanovre 96**	45	34	13	6	15	60	62	-2
10	**FC Nuremberg**	44	34	11	11	12	39	47	-8
11	**VfL Wolfsburg**	43	34	10	13	11	47	52	-5
12	**VfB Stuttgart**	43	34	12	7	15	37	55	-18
13	**FSV Mayence**	42	34	10	12	12	42	44	-2
14	**Werder Brême**	34	34	8	10	16	50	66	-16
15	**FC Augsbourg**	33	34	8	9	17	33	51	-18
16	**1899 Hoffenheim**	31	34	8	7	19	42	67	-25
17	**Fortuna Düsseldorf**	30	34	7	9	18	39	57	-18
18	**SpVgg G. Fürth**	21	34	4	9	21	26	60	-34

1ere journée

SpVgg Fürth/ Bayern Munich 0-3

Buts : Müller 43e, Mandzukic 59e, Kleine csc 79e

Neuer – Lahm, Boateng, Dante, Badstuber – Luiz Gustavo, Kroos puis Tymoshchuk 88e – Müller – Shaqiri puis Schweinsteiger 72e, Robben – Mandzukic puis Pizarro 81e

2e journée

Bayern Munich/ VfB Stuttgart 6-1

Buts : Müller 32e, 49e, Kroos 34e, Luiz Gustavo 43e, Mandzukic 47e, Schweinsteiger 51e

Neuer – Lahm, Boateng, Dante, Badstuber – Sschweinsteiger puis Javi Martinez 77e, Luiz Gustavo – Kroos – Müller, Ribéry puis Shaqiri 73e – Mandzukic puis Pizarro 69e

3e journée

Bayern Munich/ FSV Mayence 3-1

Buts : Mandzukic 2e, Schweinsteiger 13e, Kroos 90e

Neuer – Lahm, Boateng, Dante, Badstuber – Schweinsteiger, Luiz Gustavo – Kroos – Müller, Shaqiri puis Javi Martinez 75e – Mandzukic puis Pizarro 89e

4e journée

Schalke 04/ Bayern Munich 0-2

Buts : Kroos 55e, Müller 58e

Neuer – Lahm, Boateng, Dante, Badstuber – Schweinsteiger puis Tymoshchuk 89e, Luiz Gustavo – Kroos – Müller, Robben puis Shaqiri 84e – Mandzukic puis Javi Martinez 70e

5e journée

Bayern Munich/ VfL Wolfsburg 3-0

Buts : Schweinsteiger 24e, Mandzukic 57e, 65e

Neuer – Lahm, Boateng, Dante, Badstuber – Javi Martinez puis Tymoshchuk 72e, Schweinsteiger – Shaqiri – Ribéry, Robben puis Kroos 68e – Mandzukic puis Pizarro 79e

6e journée

Werder Brême/Bayern Munich 0-2

Buts : Luiz Gustavo 81e, Mandzukic 83e

Neuer – Lahm, Boateng, Dante, Badstuber –

Schweinsteiger puis Javi Martinez 75e, Luiz Gustavo – Kroos puis Shaqiri 58e – Müller, Ribéry – Pizarro puis Mandzukic 58e

7e journée
Bayern Munich/1899 Hoffenheim 2-0
Buts : Ribéry 19e, 47e
Neuer – Lahm, Boateng, Dante, Badstuber – Schweinsteiger, Javi Martinez puis Luiz Gustavo 86e – Kroos – Müller puis Shaqiri 26e, Ribéry puis Rafinha 88e – Mandzukic

8e journée
Fortuna Düsseldorf/Bayern Munich 0-5
Buts : Mandzukic 28e, Luiz Gustavo 36e, Müller 55e, 86e, Rafinha 87e
Neuer – Lahm, Boateng, Dante, Badstuber – Schweinsteiger puis Rafinha 82e, Luiz Gustavo – Kroos puis Javi Martinez 70e – Müller, Ribéry – Mandzukic puis Alaba 77e

9e journée
Bayern Munich/Bayer Leverkusen 1-2
But : Mandzukic 77e
Neuer – Lahm, Boateng, Dante, Badstuber puis Shaqiri 46e – Luiz Gustavo puis Robben 59e, Schweinsteiger puis Pizarro 74e – Kroos – Müller, Alaba – Mandzukic

10e journée
Hambourg SV/Bayern Munich 0-3
Buts : Schweinsteiger 40e, Müller 48e, Kroos 53e
Neuer – Lahm, Boateng, Dante, Alaba – Schweinsteiger, Luiz Gustavo puis Javi Martinez 56e – Kroos puis Tymoshchuk 75e – Müller, Ribéry puis Rafinha 83e – Mandzukic

11e journée
Bayern Munich/Eintracht Francfort 2-0
Buts : Ribéry 44e, Alaba 77e sp
Neuer – Lahm, Boateng puis Van Buyten 32e, Dante, Alaba – Schweinsteiger, Javi Martinez – Kroos puis Tymoshchuk 71e – Robben, Ribéry – Pizarro puis Müller 58e

12e journée
1 FC Nuremberg/Bayern Munich 1-1
But : Mandzukic 3e
Neuer – Rafinha puis Lahm 62e, Van Buyten, Dante, Alaba – Tymoshchuk puis Javi Martinez 53e, Schweinsteiger – Kroos – Müller, Shaqiri – Mandzukic puis Pizarro 78e

13e journée
Bayern Munich/Hanovre 96 5-0
Buts : Javi Martinez 4e, Kroos 24e, Ribéry 37e, Dante 63e, Gomez 67e
Neuer – Lahm, Dante, Badstuber, Alaba – Javi Martinez, Schweinsteiger puis Tymoshchuk 70e – Kroos – Müller puis Shaqiri 75e, Ribéry – Mandzukic puis Gomez 66e

14e journée
SC Fribourg/Bayern Munich 0-2
Buts : Müller 12e sp, Tymoshchuk 79e
Neuer – Lahm, Dante, Badstuber, Alaba – Javi Martinez, Kroos puis Rafinha 75e – Müller – Shaqiri, Ribéry – Gomez puis Pizarro 58e

15e journée
Bayern Munich/Borussia Dortmund 1-1
But : Kroos 67e
Neuer – Lahm, Dante, Badstuber puis Boateng 37e, Alaba

– Javi Martinez, Schweinsteiger – Kroos – Müller, Ribéry – Mandzukic puis Gomez 86e

16e journée
FC Augsbourg/Bayern Munich 0-2
Buts : Müller 40e sp, Gomez 62e
Neuer – Lahm, Boateng, Dante, Alaba – Javi Martinez, Schweinsteiger – Kroos puis Rafinha 86e – Müller puis Tymoshchuk 78e, Ribéry – Mandzukic puis Gomez 61e

17e journée
Bayern Munich/Borussia Mönchengladbach 1-1
But : Shaqiri 59e
Neuer – Lahm, Boateng, Dante, Alaba – Javi Martinez puis Shaqiri 38e, Schweinsteiger – Kroos – Müller puis Pizarro 80e, Ribéry – Mandzukic puis Gomez 57e

18e journée
Bayern Munich/SpVgg Fürth 2-0
Buts : Mandzukic 26e, 61e
Neuer – Lahm, Van Buyten, Dante, Alaba – Javi Martinez, Schweinsteiger – Kroos puis Shaqiri 70e – Müller puis Robben 70e, Ribéry – Mandzukic puis Gomez 85e

19e journée
VfB Stuttgart/Bayern Munich 0-2
Buts : Mandzukic 50e, Müller 72e
Neuer – Lahm, Van Buyten, Dante, Alaba- Javi Martinez, Schweinsteiger – Kroos – Müller, Ribéry puis Shaqiri 88e – Mandzukic puis Gomez 88e

20e journée
FSV Mayence/Bayern Munich 0-3
Buts : Müller 41e, Mandzukic 50e, 57e
Neuer – Lahm, Van Buyten, Dante, Alaba – Javi Martinez,

Schweinsteiger – Kroos puis Luiz Gustavo 82e – Müller, Ribéry puis Robben 76e – Mandzukic puis Gomez 76e

21e journée
Bayern Munich/Schalke 04 4-0
Buts : Alaba 19e sp, 51e, Schweinsteiger 32e, Gomez 63e
Neuer – Lahm puis Rafinha 73e, Boateng, Dante, Alaba – Javi Martinez, Schweinsteiger puis Luiz Gustavo 73e – Kroos – Robben, Ribéry puis Contento 73e – Gomez

22e journée
VfL Wolfsburg/Bayern Munich 0-2
Buts : Mandzukic 36e, Robben 92e
Neuer – Lahm, Van Buyten, Dante, Alaba – Luiz Gustavo, Schweinsteiger – Kroos puis Tymoshchuk 79e – Müller, Ribéry puis Robben 79e – Mandzukic puis Gomez 83e

23e journée
Bayern Munich/Werder Brême 6-1
Buts : Robben 25e, Javi Martinez 29e, Gebre Selassie 49e csc, Gomez 51e, 89e, Ribéry 86e
Neuer – Lahm, Boateng, Dante, Contento – Javi Martinez puis Tymoshchuk 52e, Luiz Gustavo – Robben – Shaqiri puis Pizarro 72e, Ribéry – Gomez

24e journée
1899 Hoffenheim/Bayern Munich 0-1
But : Gomez 38e
Starke – Lahm, Boateng, Dante, Alaba – Javi Martinez, Schweinsteiger – Müller – Shaqiri puis Luiz Gustavo 64e, Ribéry – Gomez puis Mandzukic 75e

25e journée
Bayern Munich/Fortuna Düsseldorf 3-2
Buts : Müller 45e, Ribéry 73e, Boateng 86e
Neuer – Lahm, Van Buyten, Boateng, Alaba –

Schweinsteiger, Luiz Gustavo – Kroos puis Shaqiri 68e – Müller puis Pizarro 72e , Ribéry – Mandzukic puis Gomez 61e

26e journée
Bayer Leverkusen/Bayern Munich 1-2
Buts : Gomez 37e, Wollscheid 87e csc
Neuer – Rafinha, Boateng, Dante, Alaba – Javi Martinez, Luiz Gustavo puis Tymoshchuk 79e – Schweinsteiger – Robben puis Van Buyten 73e, Shaqiri – Gomez puis Pizarro 71e

27e journée
Bayern Munich/Hambourg SV 9-2
Buts : Shaqiri 5e, Schweinsteiger 19e, Pizarro 30e, 45e, 52e, 68e, Robben 33e, 54e, Ribéry 75e
Neuer – Lahm puis Rafinha 61e, Dante, Boateng, Luiz Gustavo – Javi Martinez, Schweinsteiger – Kroos – Robben puis Müller 64e, Shaqiri puis Ribéry 65e – Pizarro

28e journée
Eintracht Francfort/Bayern Munich 0-1
But : Schweinsteiger 52e
Neuer – Lahm, Boateng, Dante, Alaba – Javi Martinez, Schweinsteiger – Müller puis Luiz Gustavo 63e – Robben puis Ribéry 63e, Shaqiri – Gomez puis Pizarro 74e

29e journée
Bayern Munich/ 1 FC Nuremberg 4-0
Buts : Boateng 5e, Gomez 17e, Rafinha 24e, Shaqiri 56e
Neuer – Rafinha, Van Buyten, Boateng, Contento – Tymoshchuk, Can – Shaqiri puis Höjbjerg 71e – Pizarro, Ribéry – Gomez

30e journée
Hanovre 96/Bayern Munich 1-6
Buts : Stindl 16e csc, Ribéry 23e, Gomez 40e, 62e, Pizarro 71e, 86e
Neuer – Rafinha, Van Buyten, Boateng, Alaba – Tymoshchuk, Luiz Gustavo – Müller puis Robben 46e – Pizarro, Ribéry puis Shaqiri 46e – Gomez puis Can 63e

31e journée
Bayern Munich/SC Fribourg 1-0
But : Shaqiri 35e
Starke – Rafinha, Van Buyten, Boateng, Contento – Luiz Gustavo, Tymoshchuk puis Javi Martinez 84e – Shaqiri – Can puis Ribéry 74e, Pizarro – Mandzukic puis Gomez 74e

32e journée
Borussia Dortmund/Bayern Munich 1-1
But : Gomez 23e
Neuer – Rafinha, Van Buyten, Boateng, Contento - Tymoshchuk, Luiz Gustavo – Shaqiri – Pizarro puis Müller 76e, Alaba puis Höjbjerg 90e – Gomez puis Can 67e

33e journée
Bayern Munich/FC Augsbourg 3-0
Buts : Müller 69e, Shaqiri 82e, Luiz Gustavo 88e
Neuer – Lahm, Van Buyten, Dante, Alaba – Javi Martinez, Schweinsteiger – Müller puis Luiz Gustavo 85e – Robben puis Shaqiri 71e, Ribéry – Mandzukic puis Gomez 70e

34e journée
Borussia Mönchengladbach/Bayern Munich 3-4
Buts : Javi Martinez 7e, Ribéry 18e, 53e, Robben 59e
Neuer – Lahm, Boateng, Dante, Alaba – Javi Martinez,

Schweinsteiger – Müller puis Pizarro 81e – Robben puis Shaqiri 81e, Ribéry – Mandzukic puis Gomez 75e

VIII

LA COUPE D'ALLEMAGNE

1/32e finale
Jahn Regensburg/Bayern Munich 0-4
Buts : Mandzukic 32e, 80e, Shaqiri 60e, Pizarro 88e
Neuer – Lahm, Boateng, Badstuber, Can – Kroos, Luiz Gustavo – Müller – Robben puis Schweinsteiger 75e, Ribéry puis Shaqiri 46e – Mandzukic puis Pizarro 81e

1/16e finale
Bayern Munich/1 FC Kaiserslautern 4-0
Buts : Pizarro 11e, 58e, Robben 49e, 88e
Starke – Rafinha puis Weiser 79e, Javi Martinez, Boateng, Contento – Tymoshchuk, Can – Robben – Shaqiri, Alaba – Pizarro

1/8e finale
FC Augsbourg/Bayern Munich 0-2
Buts : Gomez 26e, Shaqiri 85e
Neuer – Lahm, Van Buyten, Dante, Alaba – Tymoshchuk puis Javi Martinez 58e, Schweinsteiger – Kroos puis Müller 73e – Ribéry, Shaqiri – Gomez puis Mandzukic 58e

Quart de finale
Bayern Munich/Borussia Dortmund 1-0
But : Robben 43e
Neuer – Lahm, Van Buyten, Dante, Alaba – Javi Martinez, Schweinsteiger – Kroos puis Boateng 90e – Müller puis Luiz Gustavo 78e, Robben – Mandzukic puis Gomez 90e

Demi-finale
Bayern Munich/VfL Wolfsburg 6-1
Buts : Mandzukic 17e, Robben 35e, Shaqiri 50e, Gomez 80e, 83e, 86e
Neuer – Lahm, Van Buyten, Dante, Contento – Javi Martinez, Schweinsteiger – Müller puis Luiz Gustavo 63e – Robben puis Rafinha 74e, Shaqiri – Mandzukic puis Gomez 77e

LA FINALE

Le 1er juin 2013 à Berlin

BAYERN MUNICH/VFB STUTTGART 3-2

Buts : Müller 37e, Gomez 48e, 61e pour le Bayern Munich et Harnik 71e, 80e pour le VfB Stuttgart

Bayern Munich : Neuer – Lahm, Boateng, Van Buyten, Alaba – Javi Martinez, Schweinsteiger – Müller – Robben puis Tymoshchuk 83e, Ribéry puis Shaqiri 90e – Gomez puis Mandzukic 62e – entraîneur : Heynckes

VfB Stuttgart : Ulreich – Rüdiger, Tasci, Nierdermeier, Molinaro puis Sakaï 67e – Boka, Gentner – Harnik – Maxim puis Okazaki 61e, Traoré puis Cacau 75e – Ibisevic – entraîneur : Labbadia

Une semaine après la formidable conquête de la Ligue des Champions à Wembley face au Borussia Dortmund (2-1) et quelques semaines après l'obtention du titre de champion d'Allemagne, le Bayern Munich affronte le VfB Stuttgart en finale de la Coupe d'Allemagne à Berlin pour un triplé historique. Le Bayern Munich est le grand favori de ce match, mais Stuttgart n'a rien à perdre et est aussi capable de battre n'importe quelle équipe sur un match sec. L'entame de la rencontre est compliquée pour les joueurs bavarois qui ont encore visiblement la tête à la fête de Wembley. Mais, peu à peu, les joueurs de Jupp Heynckes reprennent leurs esprits et la possession du ballon. Le jeu alléchant du Bayern Munich s'installe enfin. A la 37e minute de jeu, le capitaine Philipp Lahm pénètre balle au pied dans la surface de Stuttgart et se retrouve fauché en pleine course. La faute est justement sanctionnée d'un penalty. Thomas Müller se charge d'exécuter la sentence (1-0). A partir de ce moment là, l'équipe bavaroise devient intouchable et prend ensuite le large grâce à son attaquant Mario Gomez qui double d'abord la mise à la 48e minute suite à une belle passe de Philipp Lahm (2-0), avant d'inscrire le troisième but pour le Bayern Munich à l'heure de jeu sur un magnifique service de Thomas Müller (3-0). Le VfB Stuttgart ne baisse cependant pas les bras et parvient à réduire l'écart par Harnik (71e et 80e, 3-2). Mais malgré ça, jamais le Bayern Munich ne semble être en réelle difficulté. Les joueurs bavarois gèrent parfaitement la fin de match et s'impose logiquement. Ainsi, en ce 1er juin 2013, le Bayern Munich met un sublime point final à la plus belle saison de son histoire. Un triplé historique !

IX

L'EFFECTIF 2012-2013

BILAN 2012/2013

Joueurs	LDC matches	LDC buts	Bundesliga matches	Bundesliga buts	Coupe matches	Coupe buts
Alaba	11	2	23	3	4	0
Badstuber	4	0	12	0	1	0
Boateng	9	0	26	2	4	0
Can	0	0	4	0	2	0
Contento	1	0	5	0	2	0
Dante	12	0	29	1	3	0
Gomez	7	2	21	11	4	6
Höjbjerg	0	0	2	0	0	0
Javi Martinez	11	0	27	3	5	0
Kroos	9	3	24	6	3	0
Lahm	12	0	29	0	5	0
Luiz Gustavo	10	0	22	4	3	0
Mandzukic	10	3	24	15	5	2
Müller	13	8	28	13	5	1
Neuer	13	0	31	0	5	0
Pizarro	6	4	20	6	2	3
Rafinha	2	0	13	2	2	0
Ribéry	12	1	27	10	3	0
Robben	9	4	16	5	5	4
Schweinsteiger	12	2	28	7	5	0
Shaqiri	7	1	26	4	5	3
Starke	0	0	3	0	1	0
Tymoshchuk	4	0	16	1	3	0
Van Buyten	6	0	13	0	4	0
Weiser	0	0	0	0	1	0

ZOOM[3]

BOATENG Jerome
Né le 3/9/1988. Défenseur.
Vainqueur de la Coupe du Monde en 2014 (les 7 matches). 3e de la Coupe du Monde en 2010 (5 matches). ½ finaliste de l'Euro en 2012 (4 matches). 46 sélections. Vainqueur de l'Euro U21 en 2009. 15 sélections (1 but) U 21. 17 sélections U19 (2 buts). 4 sélections U17 (1 but).
Vainqueur de la Ligue des Champions en 2013 (finaliste en 2012), du Championnat du Monde des clubs en 2013, de la Supercoupe d'Europe en 2013, de la Bundesliga en 2013, 2014, de la Coupe d'Allemagne en 2013, 2014 (finaliste en 2012), de la Supercoupe d'Allemagne en 2012 (finaliste en 2013, 2014). 163 matches (3 buts) de Bundesliga, 16 matches de Premier League, 68 matches (2 buts) de Coupes d'Europe dont 33 matches de Ligue des Champions et dont 1 match de Supercoupe d'Europe, 2 matches de Championnat du Monde des clubs, 25 matches de Coupe d'Allemagne, 3 matches de Supercoupe d'Allemagne, 3 matches de Cup d'Angleterre, 24 matches (1 but) de Regionalliga.
Clubs: Hertha Berlin (2005-2007), Hambourg SV (2007-2010), Manchester City (2010-2011), FC Bayern Munich (2011-.

GOMEZ Mario
Né le 10/7/1985. Attaquant.
Finaliste de l'Euro 2008 (4 matches). 3e de la Coupe du Monde en 2010 (4 matches). ½ finaliste de l'Euro en 2012 (5 matches, 3 buts). 59 sélections (25 buts). Meilleur buteur de l'Euro 2012 (ex-aequo) avec 3 buts. 2 sélections (1 but) Team 06. 6 sélections U 21 (1 but). 8 sélections (2 buts) U 20. 19 sélections (11 buts) U 19. 4 sélections U18. 14 sélections U17 (5 buts). 3 sélections U15 (1 but).
Vainqueur de la Ligue des Champions en 2013 (finaliste en 2010, 2012), de la Bundesliga en 2007, 2010, 2013, de la Coupe d'Allemagne en 2013 (2 buts en finale // finaliste en 2007, 2012). Finaliste de la Coupe de la Ligue en 2005. 236 matches (138 buts) de Bundesliga, 9 matches (3 buts) de Championnat d'Italie, 68 matches (39 buts) de Coupes d'Europe dont 46 matches (27 buts) de Ligue des Champions, 29 matches (25 buts) de Coupe d'Allemagne, 3 matches de Coupe de la Ligue, 43 matches (21 buts) de Regionalliga. Meilleur buteur de la Bundesliga en 2011 avec 28 buts, 2ème meilleur buteur de la Bundesliga en 2008 avec 19 buts, en 2012 avec 26 buts et 3ème en

3 Statistiques et palmarès au 31 juillet 2014.

2009 avec 24 buts. Meilleur buteur de la Coupe d'Allemagne en 2008 avec 6 buts et en 2013 avec 6 buts.
Footballeur allemand de l'année en 2007.
Clubs : VfB Stuttgart (2003-2009), FC Bayern Munich (2009-2013), Fiorentina (2013-.

KROOS Toni
Né le 4/1/1990. Milieu de terrain.
Vainqueur de la Coupe du Monde en 2014 (les 7 matches, 2 buts). 3e de la Coupe du Monde en 2010 (4 matches). ½ finaliste de l'Euro en 2012 (4 matches). 51 sélections (7 buts). 10 sélections (4 buts) U 21. 5 sélections U19 (3 buts). 3e de la Coupe du Monde U 17 en 2007. Meilleur joueur de la Coupe du Monde U 17 en 2007. 36 sélections U17 (18 buts).
Vainqueur de la Ligue des Champions en 2013 (sans jouer la finale // finaliste en 2012), de la Supercoupe d'Europe en 2013, 2014, du Championnat du Monde des clubs en 2013, de la Bundesliga en 2008, 2013, 2014, de la Coupe d'Allemagne en 2008 (sans jouer la finale // finaliste en 2009, 2012) en 2013 (sans jouer la finale) 2014, de la Supercoupe d'Allemagne en 2010, 2012 (finaliste en 2008, 2013). Finaliste de la Supercoupe d'Espagne en 2014. 173 matches (23 buts) de Bundesliga, 51 matches (7 buts) de Coupes d'Europe dont 43 matches (6 buts) de Ligue des Champions et dont 2 matches de Supercoupe d'Europe, 2 matches de Championnat du Monde des clubs, 26 matches (4 buts) de Coupe d'Allemagne, 4 matches de Supercoupe d'Allemagne, 2 matches de Supercoupe d'Espagne, 1 match (1 but) de Liga 3, 12 matches (3 buts) de Regionalliga.
Clubs: FC Bayern Munich (2007-2008), Bayer Leverkusen (2009-2010), FC Bayern Munich (2010-2014), Real Madrid (2014-.

LAHM Philipp
Né le 11/11/1983. Défenseur.
Vainqueur de la Coupe du Monde en 2014 (les 7 matches). Finaliste de l'Euro en 2008 (les 6 matches, 1 but). 3ème de la Coupe du monde en 2006 (les 7 matches, 1 but). 3eme de la Coupe du Monde en 2010 (6 matches). ½ finaliste de l'Euro en 2012 (5 matches, 1 but). 113 sélections (5 buts). Il a participé à l'Euro 2004 (3 matches). 3 sélections U 21. 6 sélections U20. Finaliste de l'Euro U19 en 2002. 9 sélections U19 (1 but). 1 sélection U18. 1 sélection U17.
Vainqueur de la Ligue des Champions en 2013 (finaliste en 2010, 2012), de la Supercoupe d'Europe en 2013, du Championnat du Monde des clubs en 2013, de la Bundesliga en 2006, 2008, 2010,

2013, 2014, de la Coupe d'Allemagne en 2006, 2008, 2010, 2013, 2014 (finaliste en 2012), de la Coupe de la Ligue en 2007 (finaliste en 2006), de la Supercoupe d'Allemagne en 2010, 2012 (finaliste en 2013 et 2014). 313 matches (10 buts) de Bundesliga, 104 matches (2 buts) de Coupes d'Europe dont 87 matches de Ligue des Champions et dont 1 match de Supercoupe d'Europe, 2 matches de Championnat du Monde des clubs, 44 matches (2 buts) de Coupe d'Allemagne, 7 matches de Coupe de la Ligue, 4 matches de Supercoupe d'Allemagne, 63 matches (3 buts) de Regionalliga.
Meilleur arrière droit mondial de l'année en 2012, 2013 (L'Équipe). Meilleur arrière latéral FIFAPRO en 2013. Présent dans le XI UEFA en 2006, 2008, 2012, 2013.
Clubs : FC Bayern Munich (2000-2003), VfB Stuttgart (2003-2005), FC Bayern Munich (2005-.

MÜLLER Thomas
Né le 13/9/1989. Attaquant.
Vainqueur de la Coupe du Monde en 2014 (les 7 matches, 5 buts). 3e de la Coupe du Monde en 2010 (6 matches, 5 buts). ½ finaliste de l'Euro en 2012 (5 matches). 56 sélections (22 buts). Meilleur buteur de la Coupe du Monde 2010 avec 5 buts (ex-aequo). Meilleur jeune de la Coupe du Monde 2010. 2e meilleur joueur de la Coupe du Monde 2014. 2e meilleur buteur de la Coupe du Monde 2014 avec 5 buts. 6 sélections (1 but) U 21. 1 sélection U20 (1 but). 3 sélections U19. 6 sélections U16 (4 buts).
Vainqueur de la Ligue des Champions en 2013 (finaliste en 2010, 2012, 1 but en finale), du Championnat du Monde des clubs en 2013, de la Supercoupe d'Europe en 2013, de la Bundesliga en 2010, 2013, 2014, de la Coupe d'Allemagne en 2010, 2013 (1 but en finale // finaliste en 2012), 2014 (1 but en finale), de la Supercoupe d'Allemagne en 2010 (1 but en finale), en 2012 (1 but en finale // finaliste en 2013, 2014). 165 matches (58 buts) de Bundesliga, 61 matches (21 buts) de Coupes d'Europe dont 60 matches (21 buts) de Ligue des Champions et dont 1 match de Supercoupe d'Europe, 1 match de Championnat du Monde des clubs, 26 matches (18 buts) de Coupe d'Allemagne, 4 matches (2 buts) de Supercoupe d'Allemagne, 32 matches (15 buts) de Liga 3, 3 matches (1 but) de Regionalliga. Meilleur buteur de la Coupe d'Allemagne en 2010 avec 4 buts. Meilleur buteur de la Coupe d'Allemagne en 2014 avec 8 buts.
Vainqueur du Trophée Bravo (meilleur espoir) en 2010. Meilleur milieu offensif mondial de l'année en 2013 (L'Équipe). Présent dans le XI UEFA en 2014.
Club: FC Bayern Munich (2007-.

NEUER Manuel
Né le 27/3/1986. Gardien de but.
Vainqueur de la Coupe du Monde en 2014 (les 7 matches). 3e de la Coupe du Monde en 2010 (6 matches). ½ finaliste de l'Euro en 2012 (5 matches). 52 sélections. Meilleur gardien de la Coupe du Monde 2014. Vainqueur de l'Euro U21 en 2009. Meilleur gardien de l'Euro U21 en 2009. 20 sélections U 21. 4 sélections U20. 11 sélections U19. 1 sélection U18.
Vainqueur de la Ligue des Champions en 2013 (finaliste en 2012), du Championnat du Monde des clubs en 2013, de la Supercoupe d'Europe en 2013, de la Bundesliga en 2013, 2014, de la Coupe d'Allemagne en 2011, 2013, 2014 (finaliste en 2012), de la Supercoupe d'Allemagne en 2012 (finaliste en 2010, 2014). Finaliste de la Coupe de la Ligue en 2007. 251 matches de Bundesliga, 67 matches de Coupes d'Europe dont 61 matches de Ligue des Champions et dont 1 match de Supercoupe d'Europe, 2 matches de Championnat du Monde des clubs, 31 matches de Coupe d'Allemagne, 3 matches de Coupe de la Ligue, 3 matches de Supercoupe d'Allemagne, 2 matches de Regionalliga.
Footballeur allemand de l'année en 2011, en 2014. Meilleur gardien du monde IFFHS en 2013. Meilleur gardien mondial de l'année en 2011, 2013 (L'Équipe). Meilleur gardien mondial de l'année FIFAPRO en 2013. Meilleur gardien de la Bundesliga en 2007, 2014. Présent dans le XI UEFA en 2013, 2014. 2e meilleur joueur UEFA en 2014. Sportif allemand de l'année en 2010. Médaille d'argent Fritz Walter en 2005.
Clubs : FC Schalke 04 (2003-2011), FC Bayern Munich (2011-.

SCHWEINSTEIGER Bastian
Né le 1/8/1984. Milieu de terrain.
Vainqueur de la Coupe du monde en 2014 (6 matches). Finaliste de l'Euro en 2008 (5 matches, 2 buts). 3ème de la Coupe du monde en 2006 (les 7 matches, 2 buts). 3eme de la Coupe du monde en 2010 (7 matches). 3eme de la Coupe des Confédérations en 2005 (4 matches, 2 buts). ½ finaliste de l'Euro en 2012 (5 matches). Il a participé à l'Euro 2004 (3 matches). 108 sélections (24 buts). 7 sélections (2 buts) U 21. 7 sélections (2 buts) U 19. 11 sélections (2 buts) U 18. 1 sélection U16.
Vainqueur de la Ligue des Champions en 2013 (finaliste en 2010, 2012), de la Bundesliga en 2003, 2005, 2006 , 2008, 2010, 2013, 2014, de la Coupe d'Allemagne en 2003, 2005, 2006 (sans jouer la finale), 2008, 2010 (1 but en finale), 2013, 2014 (sans jouer la finale // finaliste en 2012), de la Coupe de la Ligue en 2007 (finaliste en

2006), de la Supercoupe d'Allemagne en 2010 (finaliste en 2008, 2013). 322 matches (40 buts) de Bundesliga, 97 matches (13 buts) de Coupes d'Europe dont 85 matches (13 buts) de Ligue des Champions, 47 matches (9 buts) de Coupe d'Allemagne, 6 matches (1 but) de Coupe de la Ligue, 3 matches de Supercoupe d'Allemagne, 34 matches (2 buts) de Regionalliga.
Footballeur allemand de l'année en 2013. Meilleur milieu défensif mondial de l'année en 2010, 2013 (L'Équipe). Homme de l'année en football par Kicker mag en 2010. Meilleur joueur de la Bundesliga en 2013 par le magazine Kicker. 2e du Trophée Bravo (meilleur espoir) en 2005.
Club : FC Bayern Munich (2001-.

HEYNCKES Jupp
Né le 9/5/1945. Attaquant.
Vainqueur de la Coupe du monde en 1974 (2 matches) et de l'Euro en 1972 (3 matches dont la finale). 39 sélections (14 buts). 3 sélections (1 but) U23.
Vainqueur de la Coupe UEFA en 1975 (3 buts lors de la finale retour), de la Bundesliga en 1971, 1975, 1976, 1977, de la Coupe d'Allemagne en 1973. Finaliste de la Coupe des Champions en 1977, de la Coupe UEFA en 1973 (2 buts lors de la finale retour), de la Coupe de la Ligue en 1973. Meilleur buteur de la Bundesliga en 1974 avec 30 buts (égalité avec G.Müller), et en 1975 avec 27 buts, 2e en 1973 avec 28 buts. Meilleur buteur de la Coupe des Champions en 1976 avec 6 buts et de la Coupe UEFA en 1975 avec 11 buts. Auteur de 51 buts dans les Coupes d'Europe. 369 matches de Bundesliga (220 buts, troisième meilleur total de tous les temps), 63 matches (53 buts) de Coupes d'Europe, 42 matches (27 buts) de Coupe d'Allemagne, 1 match de Coupe de la Ligue, 31 matches (29 buts) de Regionalliga.
Présent dans le XI de l'Euro en 1972.
Clubs : Borussia Mönchengladbach (1964-1967), Hanovre 96 (1967-1970), Borussia Mönchengladbach (1970-1978).
Comme entraîneur : vainqueur de la Ligue des Champions en 1998, 2013 (finaliste en 2012), de la Bundesliga en 1989, 1990, 2013, de la Coupe d'Allemagne en 2013, de la Supercoupe d'Allemagne en 1987, 1990, 2012, de la Supercoupe d'Espagne en 1997, de la Coupe Intertoto en 2003, 2004. Finaliste de la Coupe UEFA en 1980. 1218 matches officiels (642 en Bundesliga, 274 en Championnat d'Espagne, 38 en Championnat du Portugal, 162 en Coupes d'Europe dont 61 en Ligue des Champions, 102 en Coupe et Supercoupe d'Allemagne, d'Espagne et du Portugal). Manager de l'année en 2013 (Journal L'Équipe). Entraîneur mondial de l'année en 2013. Entraîneur

allemand de l'année en 2013. 2e entraîneur allemand de l'année en 1988 et 1998.
Clubs entraînés : Borussia Mönchengladbach (1979-1987), FC Bayern Munich (1987-1991), Atletic Bilbao (1992-1994), Tenerife (1996-1997), Real Madrid (1997-1998), Benfica Lisbonne (1999-2000), Atletic Bilbao (2001-2003), FC Schalke 04 (2003-2004), Borussia Mönchengladbach (2006-2007), FC Bayern Munich (2009), Bayer Leverkusen (2009-2011), FC Bayern Munich (2011-2013).

ANNEXES

PALMARES DU FC BAYERN MUNICH

Championnat du monde des clubs en 2013
Coupe Intercontinentale en 1976, 2001
Supercoupe d'Europe en 2013
Ligue des Champions en 1974, 1975, 1976, 2001, 2013 (finaliste en 1982, 1987, 1999, 2010, 2012)
Coupe de l'UEFA – Europa Ligue en 1996
Coupe des coupes en 1967
Championnat d'Allemagne en 1932
Bundesliga en 1969, 1972, 1973, 1974, 1980, 1981, 1985, 1986, 1987, 1989, 1990, 1994, 1997, 1999, 2000, 2001, 2003, 2005, 2006, 2008, 2010, 2013, 2014
Coupe d'Allemagne en 1957, 1966, 1967, 1969, 1971, 1982, 1984, 1986, 1998, 2000, 2003, 2005, 2006, 2008, 2010, 2013, 2014
Coupe de la Ligue en 1997, 1998, 1999, 2000, 2004, 2007
Supercoupe d'Allemagne en 1983, 1987, 1990, 2010, 2013

JOUEURS AYANT DISPUTE LE PLUS GRAND NOMBRE DE MATCHES[4]

Oliver KAHN	630
Sepp MAIER	618
Gerd MÜLLER	566
Hans-Georg SCHWARZENBECK	546
Klaus AUGENTHALER	545
Franz BECKENBAUER	531
Bernd DÜRNBERGER	499
Bastian SCHWEINSTEIGER*	472
Mehmet SCHOLL	457

4 Toutes compétitions officielles confondues. Statistiques au 31 juillet 2014.

Franz ROTH	434
Karl-Heinz RUMMENIGGE	421
Lothar MATTHÄUS	410
Philipp LAHM*	401
Hans PFLÜGLER	372
Hasan SALIHADMIZIC	358
Uli HOENESS	356
Paul BREITNER	347
Roland WOHLFARTH	332
Udo HORSMANN	325
Claudio PIZARRO	308

* joueurs en activité

JOUEURS AYANT MARQUE LE PLUS DE BUTS

Gerd MÜLLER	516
Karl-Heinz RUMMENIGGE	217
Roland WOHLFARTH	156
Dieter HOENESS	145
Giovane ELBER	139
Claudio PIZARRO*	124
Mehmet SCHOLL	117
Mario GOMEZ	113
Uli HOENESS	111
Paul BREITNER	109
Roy MAKAAY	103
Thomas MÜLLER*	100
Lothar MATTHÄUS	98
Franck RIBERY*	95
Franz ROTH	95
Arjen ROBBEN*	91
RainerOHLHAUSER	85

Carsten JANCKER	79
Klaus AUGENTHALER	74
Dieter BRENNINGER	73

* joueurs en activité

ADRESSE DU FC BAYERN MUNICH

FC Bayern München AG
Säbener Straße 51-57
D-81547 München

Tel :
+49 89 699 31-0

Fax :
+49 89 64 41 65

Internet :
www.fcbayern.de

Magasins :
Munich, Säbener Straße 51-57, +49 89 699 31-0
Munich, Orlandostraße 1 (near Hofbräuhaus)
Munich, Main Station, Mezzanine Level
Munich, Stachus Passagen, level -1
Munich, Airport, Central Area, Level 03
Munich, Allianz Arena, Megastore
Oberhausen, Oberhausen, in the 'Centro', Shop B109

Stade :
Werner-Heisenberg-Allee 25, 80939 München

TABLE DES MATIERES

SPORT

AUX ÉDITIONS L'HARMATTAN

Dernières parutions

ENJEUX (LES) DU SPORT EN AFRIQUE
Dopage, hooliganisme... et terrorisme
Aziza Antoine Hongnyo Jean-Jacques
Préface de Mathias Eric Owona Nguini - Postface de Joseph Tchatchoua
Depuis que le sport est devenu un enjeu politique, économique, social, diplomatique, géopolitique et géostratégique, des comportements qui n'ont rien à voir avec l'esprit olympique ou le *fair-play* se sont développés autour de cette discipline, la mettant même en danger. Ce livre est une analyse systémique de la violence dans le champ sportif.
(Coll. Harmattan Cameroun, 24.00 euros, 242 p.)
ISBN : 978-2-343-04024-0, ISBN EBOOK : 978-2-336-35747-8

CORPS, SPORT, HANDICAPS (Tome 2)
Le mouvement handisport au XXIe siècle – Lectures sociologiques
Sous la direction d'Anne Marcellini et Gaël Villoing
Plus d'un demi-siècle après la création de l'Amicale sportive des mutilés de France en 1954, ce second tome nous plonge dans une analyse détaillée des pratiques, des discours et des questionnements actuels du mouvement handisport. Après un développement national et international très rapide dans la seconde moitié du XXe siècle, le mouvement français handisport est, en ce début de XXIe siècle, traversé par de multiples interrogations.
(Téraèdre, 22.00 euros, 204 p)
ISBN : 978-2-36085-056-3, ISBN EBOOK : 978-2-336-35902-1

PRATIQUES LANGAGIÈRES ET BASKET-BALL PROFESSIONNEL EN FRANCE
Martin Fanny
Préfaces de Jean-Michel Eloy, Karim Souchu et Alain Weisz
Cet ouvrage s'intéresse à l'environnement linguistique du basket-ball professionnel en France et propose de mettre en évidence les ressources (complexes) de la communication de la performance. Comment ces basketteurs communiquent-ils au quotidien tant dans le domaine professionnel que dans le domaine relationnel ? Comment le rempart des langues peut-il être brisé ? Quels sont les besoins linguistiques réels ? Quels sont les moments de communication les plus révélateurs de la performance dans le haut niveau ?
(Coll. Espaces discursifs, 15.50 euros, 152 p.)
ISBN : 978-2-343-03933-6, ISBN EBOOK : 978-2-336-35739-3

ÉPISTÉMOLOGIE DU CORPS SAVANT
Tome I : Le chercheur et la description scientifique du réel
Sous la direction de Matthieu Quidu
Dans ce premier volume seront envisagés les apports et limites de l'engagement corporel du chercheur dans l'enquête empirique. Le corps du savant ne constitue-t-il qu'un obstacle qui entrave la connaissance de l'objet ? Des mises en oeuvre empiriques, dans des domaines comme la recherche sur le sport ou le handicap, sont élaborées. Des outils de réflexivité corporelle sont construits, permettant de reconnaître la subjectivité charnelle du savant tout en la contrôlant.
(Coll. Espaces et Temps du Sport, 27.00 euros, 266 p.)
ISBN : 978-2-343-03953-4, ISBN EBOOK : 978-2-336-35803-1

RECHERCHE (LA) SCIENTIFIQUE COMME EXPÉRIENCE CORPORELLE – Tome II : Épistémologie du corps savant
Sous la direction de Matthieu Quidu
Dans ce volume, « la recherche scientifique comme expérience corporelle » sera envisagée comme une activité et un processus incarné. Il s'agit de documenter ce que cette expérience a d'incertain et d'affectif, notamment dans le cadre des recherches sur le sport. Nous plongeons aux racines de la création scientifique. La recherche apparaît comme une pratique instrumentale, mais aussi communicationnelle, présentant des homologies avec d'autres activités charnelles, comme la danse ou la méditation.
(Coll. Espaces et Temps du Sport, 31.00 euros, 310 p.)
ISBN : 978-2-336-30707-7, ISBN EBOOK : 978-2-336-35804-8

MONDE (LE) DES COURSES DE CHEVAUX
Pereira Carlos Henriques
Portrait de l'institution des courses en France, outil didactique destiné aux professionnels, aux élèves, aux parieurs de courses hippiques, ce petit ouvrage permet d'appréhender les divers acteurs des hippodromes. Les cadres politiques, les collectivités pourront aussi mieux cerner les enjeux financiers et économiques de la filière. Enfin, le présent ouvrage comporte un lexique des termes anciens et modernes pour mieux jouer et suivre les paris organisés par le PMU et les sociétés mères, France Galop ou Le Cheval français.
(12.50 euros, 118 p.)
ISBN : 978-2-343-03484-3, ISBN EBOOK : 978-2-336-35805-5

ACCOMPAGNER LES JEUNES SPORTIFS
Manuel pédagogique
Gourmelen Bernard - Préface de Guy Roux
Cet ouvrage a pour but de fournir aux nombreux encadrants sportifs, bénévoles ou professionnels, un instrument fiable et complet leur permettant d'œuvrer de la meilleure manière possible, quel que soit le domaine sportif envisagé. Pour autant, cet ouvrage ne donne pas de recettes toutes faites et cherche à ouvrir des pistes de réflexion. Entre théorie et expériences de terrain, il doit permettre à tout encadrant sportif de se faire une réelle idée de sa fonction mais aussi d'y puiser ce qui peut l'aider.
(Coll. Enfance éducation et société, 19.00 euros, 180 p.)
ISBN : 978-2-343-04058-5, ISBN EBOOK : 978-2-336-35611-2

FONDEMENTS (LES) DU SYSTÈME SPORTIF
Essai d'anthropologie historique
Darbon Sébastien
Qu'est-ce que le sport ? Cet ouvrage analyse la révolution qu'a constituée l'avènement, dans la Grande-Bretagne du XIXe siècle, de ce que l'on peut appeler le «système sportif». Cette nouvelle configuration introduit notamment une conception entièrement différente de l'espace et du temps de la pratique, un abandon de la référence au sacré ou au religieux, des modalités d'institutionnalisation de la pratique, une diffusion planétaire des règles du jeu, une recherche de l'égalité entre participants. Ce système s'est diffusé tout au long des XIXe et XXe siècles à l'échelle mondiale.
(24.00 euros, 240 p.)
ISBN : 978-2-343-04038-7, ISBN EBOOK : 978-2-336-35490-3

TOUR (LE) DE FRANCE DANS TOUS SES ÉTATS !
Larizza Olivier
Voici l'un des livres les plus originaux jamais écrits sur le Tour de France. Anecdotes insolites et confidences d'anciens champions, scènes cocasses observées sur les étapes ou en coulisse, aperçus historiques et souvenirs personnels colorent chaque page. Olivier Larizza surprend, amuse, attendrit. Et restitue à merveille l'épopée de la Grande Boucle.
(Editions Orizons, Coll. Témoins, 10.00 euros, 106 p.)
ISBN : 978-2-296-08867-2, ISBN EBOOK : 978-2-296-53651-7

RECRUTEMENT (LE) DANS LE FOOTBALL FRANÇAIS
Histoire, logiques et enjeux géographiques
Piraudeau Bertrand
Voici exposées les conditions d'implantation des centres de formation, puis étudiées les différentes étapes du processus complexe des recrutements et les modalités de la réglementation spatiale de la détection des jeunes footballeurs. Enfin sont abordés les «espaces ressources» des centres de formation du football français. Illustré par de nombreuses cartes, l'ouvrage dégage les aspects géographiques des stratégies de recrutement des centres de formation du football français.
(Coll. Questions contemporaines, 19.50 euros, 196 p.)
ISBN : 978-2-336-29365-3, ISBN EBOOK : 978-2-296-53620-3

TOUR (LE) DU MONDE DES ARTS MARTIAUX (Volume 4)
Le taekwondo et le catch
Chandok Singh
Contrairement aux documentaires qui font état des techniques des arts martiaux, les films de cette collection situent ces sports dans leur contexte socioculturel, à la recherche des liens qui les unissent à la culture du pays qui les a vus naître. Le taekwondo («la voie du pied et du poing») est un art martial d'origine coréenne, qui a pour but de perfectionner les facultés spirituelles et physiques de l'homme. Le catch est un sport-spectacle, héritier d'une vieille tradition européenne de spectacles forains...
(20.00 euros)
ISBN : 978-2-296-57462-5

TOUR (LE) DU MONDE DES ARTS MARTIAUX (Volume 5)
Le kirkpinar et les lutteurs de la Teranga
Chandok Singh
Contrairement aux documentaires qui font état des techniques des arts martiaux, les films de cette collection situent ces sports dans leur contexte socioculturel, à la recherche des liens qui les unissent à la culture du pays qui les a vus naître. Le kirkpinar, un sport où la Turquie n'a pas son égal, mais qui reste peu connu du grand public, est la lutte à l'huile... Les lutteurs de la Teranga : de nombreuses ethnies constituent la population du Sénégal et toutes se rassemblent autour du sport national : la lutte traditionnelle...
(20.00 euros)
ISBN : 978-2-296-57463-2

TOUR (LE) DU MONDE DES ARTS MARTIAUX (Volume 6)
Les samouraïs du kendo et le gatka
Chandok Singh
Contrairement aux documentaires qui font état des techniques des arts martiaux, les films de cette collection situent ces sports dans leur contexte socioculturel, à la recherche des liens qui les unissent à la culture du pays qui les a vus naître. Le kendo («la voie du sabre») est la version moderne du kenjutsu, l'art du sabre pratiqué autrefois au Japon par les samouraïs... Le gatka est originaire du Rajput. Cette discipline fut adoptée par les Sikhs au 17e siècle après J.-C. par Siri Guru Har Gobind Sahib Ji...
(20.00 euros)
ISBN : 978-2-296-57464-9, ISBN EBOOK : 978-2-296-50831-6

ACTIVITÉ PHYSIQUE ET SPORTIVE D'UN ENFANT
Bénéfice ? Avantage ? Vigilance ? Quels seront les comportements et regard des parents ?
Ramirez Morales Gabriel
Chacun s'accorde à dire aujourd'hui que la pratique d'une activité sportive pour l'enfant est bénéfique. Ce bénéfice se révèle sur le plan physique mais également moral. Un développement harmonieux, l'acquisition de valeurs, du respect d'autrui et de règles vont s'acquérir. Cependant, dans le triangle «enfants, adultes, pratique sportive» quel est le rôle de chacun et quels sont les comportements à adopter pour favoriser un bon épanouissement ?
(20.00 euros, 194 p.)
ISBN : 978-2-336-00283-5, ISBN EBOOK : 978-2-296-50570-4

L'HARMATTAN ITALIA
Via Degli Artisti 15; 10124 Torino

L'HARMATTAN HONGRIE
Könyvesbolt ; Kossuth L. u. 14-16
1053 Budapest

L'HARMATTAN KINSHASA
185, avenue Nyangwe
Commune de Lingwala
Kinshasa, R.D. Congo
(00243) 998697603 ou (00243) 999229662

L'HARMATTAN CONGO
67, av. E. P. Lumumba
Bât. – Congo Pharmacie (Bib. Nat.)
BP2874 Brazzaville
harmattan.congo@yahoo.fr

L'HARMATTAN GUINÉE
Almamya Rue KA 028, en face
du restaurant Le Cèdre
OKB agency BP 3470 Conakry
(00224) 657 20 85 08 / 664 28 91 96
harmattanguinee@yahoo.fr

L'HARMATTAN MALI
Rue 73, Porte 536, Niamakoro,
Cité Unicef, Bamako
Tél. 00 (223) 20205724 / +(223) 76378082
poudiougopaul@yahoo.fr
pp.harmattan@gmail.com

L'HARMATTAN CAMEROUN
BP 11486
Face à la SNI, immeuble Don Bosco
Yaoundé
(00237) 99 76 61 66
harmattancam@yahoo.fr

L'HARMATTAN CÔTE D'IVOIRE
Résidence Karl / cité des arts
Abidjan-Cocody 03 BP 1588 Abidjan 03
(00225) 05 77 87 31
etien_nda@yahoo.fr

L'HARMATTAN BURKINA
Penou Achille Some
Ouagadougou
(+226) 70 26 88 27

L'HARMATTAN SÉNÉGAL
10 VDN en face Mermoz, après le pont de Fann
BP 45034 Dakar Fann
33 825 98 58 / 33 860 9858
senharmattan@gmail.com / senlibraire@gmail.com
www.harmattansenegal.com

L'HARMATTAN BÉNIN
ISOR-BENIN
01 BP 359 COTONOU-RP
Quartier Gbèdjromèdé,
Rue Agbélenco, Lot 1247 I
Tél : 00 229 21 32 53 79
christian_dablaka123@yahoo.fr

Achevé d'imprimer par Corlet Numérique - 14110 Condé-sur-Noireau
N° d'Imprimeur : 114377 - Dépôt légal : décembre 2014 - *Imprimé en France*